# 生鲜超市

## 开店运营一本通

### （实战图解版）

罗红兰　编著

化学工业出版社

·北京·

## 内容简介

《生鲜超市开店运营一本通（实战图解版）》一书由社区生鲜店的商机导入，内容涵盖了开店前期筹备、开业形象塑造、商品品质管控、门店日常管理、门店业务拓展等内容。通过学习，可以让读者掌握更全面的生鲜超市前沿知识。

本书注重实操，完全去理论化，内容简洁实用，同时板块设置精巧、结构清晰明确。既可作为专业培训机构、院校零售专业等的培训教材、培训手册，又可以作为创业投资者及门店的管理者、从业人员，以及新入职的大中专学生，有志于从事门店管理人士的随身读本。

**图书在版编目（CIP）数据**

生鲜超市开店运营一本通：实战图解版/罗红兰编著．—北京：化学工业出版社，2021.8（2023.9重印）
ISBN 978-7-122-39276-3

Ⅰ．①生…　Ⅱ．①罗…　Ⅲ．①超市-商品管理-图解　Ⅳ．①F717.6-64

中国版本图书馆CIP数据核字（2021）第106842号

---

责任编辑：陈　蕾　　　　　　　　　　　　装帧设计：尹琳琳
责任校对：宋　夏

---

出版发行：化学工业出版社（北京市东城区青年湖南街13号　邮政编码100011）
印　　装：天津盛通数码科技有限公司
710mm×1000mm　1/16　印张14　字数255千字　　2023年9月北京第1版第3次印刷

---

购书咨询：010-64518888　　　　　　　　售后服务：010-64518899
网　　址：http://www.cip.com.cn
凡购买本书，如有缺损质量问题，本社销售中心负责调换。

---

定　　价：68.00元　　　　　　　　　　　　　　版权所有　违者必究

社区商业时代来临，要把握好"最后一公里"的商机。生活区的"最后一公里"是指贴近小区住户的商铺，其拥有稳定客户群，凭借距离的优势，与消费者实现无缝对接，社区居民足不出户就能满足日常消费需求。即使面对电商冲击和商业综合体层出不穷的双重压力，有社区人群支撑的商铺依然能找到自己的生存之道。

近些年，随着社区配套设施越来越完善，每个社区都会有很多便利店、生鲜店。粮油、蔬菜、水果等是居民生活的刚需，顿顿都不能少，所以社区生鲜店也成为最近几年的投资风口。

生鲜主要是指人们日常生活中所消费的农副产品，其中包括蔬菜、水果、水产、粮食等，它是人们家居饮食的一个极其重要的组成部分。生鲜超市则是指专业从事生鲜经营并结合现代超市经营理念的专卖店、连锁店。伴随着大都市老龄化、小家庭化、单身化的趋势，便利化生鲜食品、加工食品、速食食品、多品种少量食品将快速增长。生鲜超市需要从简单销售商品向为顾客提供生活解决方案转化。

社区实体生鲜门店新零售可以基于社区、社群、社交进行，原则就是离用户近，最重要的价值点是社区配送，是真实居住在社区内居民的一种团体购物消费行为，是依托真实社区的一种区域化、小众化、本地化的消费形式。

社区实体生鲜门店是近几年的热点，竞争也就相当激烈，那怎样开店做生意呢，如何开家服务社区让居民放心购物的门店呢？如何在众多的竞争中脱颖而出，立于不败之地呢？有专家认为，影响社区居民对于商业服务业需求满意度的因素有购物距离、价格、营业时间、服务质量、商品质量、商品品种、环境与卫生状况等。所以，在投资开店的过程中，一定要重视这几个方面。

基于此，我们编写了《生鲜超市开店运营一本通（实战图解版）》一书，由社区生鲜店的商机导入，内容涵盖了开店前期筹备、开业形象塑造、商品品质管控、门店日常管理、门店业务拓展等内容。通过学习，可以让更多的创业投资者及门店的管理者、从业人员，以及新入职的大中专学生，有志于从事门店管理的人士学习到更好的内容。

由于笔者水平有限，加之时间仓促，疏漏之处在所难免，敬请读者批评指正。

编著者

# 目录

## 导读　社区生鲜店的商机

## 第一章　开店前期筹备

俗话说得好，万事开头难。一家店要想顺利开张，也不是件容易的事情。只有充分地重视前期的准备工作，才能真正地为以后的开店事业铺平道路。

# 第二章　开业形象塑造

当门店的内外装修工作就绪以后，店主就需要做好开张前的策划工作及同期的业务推广工作，通过新店开业活动迅速提升知名度，给潜在的顾客注入购买欲望，提升门店在顾客心中的定位，为占领市场提供先机。

# 第三章　商品品质管控

为了维护门店的信誉和利益，保护顾客的合法权益，生鲜店应加强对商品质量的监督与管理，明确各层次、各环节商品质量管理的责任，防止假冒伪劣商品的流入。

# 第四章　门店日常管理

虽说生鲜市场前景可观，顾客对生鲜的需求量大，有些生鲜店的生意也很火爆，但是开一家生鲜店，想要自己的店铺能够获得可观的利润收益以及长足的优势发展，店主必须在门店的日常经营和管理上下功夫才行。

# 第五章　门店业务拓展

业务拓展的目的不仅是为了拉动销售量，更重要的是让门店得到曝光，从而进一步扩大门店的影响力，实现门店的持久发展。

# 社区生鲜店的商机

近些年，社区配套设施越来越完善，每个社区都会有很多便利店、生鲜店。粮油、蔬菜、水果等是居民生活的刚需，顿顿都不能少，所以社区生鲜店也成为最近几年的投资热点。

## 一、社区生鲜市场的需求

随着消费升级和消费需求的变化，生鲜成为市场供应短板。在市场迸发需求的同时，许多地方政府鼓励提升社区生鲜等生活性服务业品质，着力在消费市场上补短板。

那么，社区生鲜的市场需求从何而来？具体如图0-1所示。

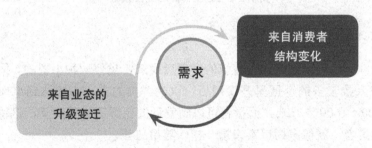

图0-1　社区生鲜市场的需求

### 1. 来自业态的升级变迁

近几年，随着城市疏解整治工作的开展，百姓"菜篮子"也在更新迭代。一些不合规的菜摊、菜场陆续疏解，购物环境大大提升的社区生鲜店陆续开起来，成为市民挑选日常食材的场所。

### 2. 来自消费者结构变化

在许多大城市，家庭结构呈现年轻化、小型化的趋势，他们和传统中国式大家庭在需求上的明显差异，成为商家捕捉的商机。如今，单个家庭人口数量的减少，双职工夫妻的居多，消费观念和实际需求也与以往不同。他们更偏向清洁、方便、小型包装的食材，同时对食品安全、品质要求也更高，购物体验上也希望更节省时间。因此，小型社区生鲜店成了大多家庭的选择。

## 二、社区生鲜店的经营模式

从传统商超转型推出生鲜店到在便利店基础上搭载生鲜销售，社区生鲜正以不同模式推出。如图0-2所示。

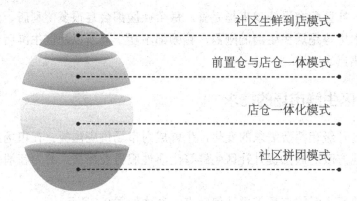

**图0-2  社区生鲜店的经营模式**

### 1. 社区生鲜到店模式

社区生鲜到店模式，是比较传统的经营店模式，类似一种小型的、固定的菜市场，店主在人数较多的小区里开设门店，以生鲜类为主，占比达到40%以上，门店面积在400～600平方米。消费者可以到就近的生鲜店进行购买，这种模式的优势是贴近消费者，就像家门口菜市场一样，随用随买。

### 2. 前置仓与店仓一体模式

前置仓模式是基于到店模式的衍生，这种模式通过在社区周围设置前置仓节点从而省去中间环节，其典型特点是区域密集建仓，消费者下单后快速从前置仓送货上门。相较于到店模式，前置仓模式的租金、装修成本和运营成本都比较低，而且前置仓设在离消费者较近的社区里，距离消费者近，配送效率高。

### 3. 店仓一体化模式

店仓一体化模式即线下社区生鲜店与前置仓相结合，消费者不仅能够到店购买，还可以下单由前置仓快速送货上门，比如盒马鲜生就是典型的到店与到家的店仓一体化模式。其优势是贴近消费者，配送效率高，同时还兼具餐饮属性。

### 4.社区拼团模式

社区拼团模式是以社区为单位，由社区中某个人成为团长，在线上建立分销社团，线下完成交付。这样的模式由平台提供货源、物流仓储及售后支持。其优势是配送成本低，无线下门店，不需要租金、门店运营等成本，有效降低生鲜损耗，而团长所聚集的社交流量依托熟人关系显著降低了平台的引流成本。

## 三、社区生鲜店的发展趋势

社区成为零售热土，无论是传统零售巨头还是新零售电商，正在以各种路径和方式进入这个市场掘金，或升级改造，或圈地造势。未来，社区生鲜店的发展趋势如图0-3所示。

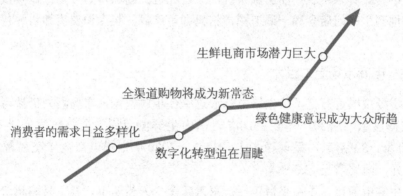

图0-3 社区生鲜店的发展趋势

### 1.消费者的需求日益多样化

随着消费者的需求日益多样化，只销售常规的生鲜商品是不够的，还需提供更多个性化的产品和服务。

目前，生鲜消费群体逐步向"80后、90后"的年轻一代转变，这一年轻消费群体"买菜技能"下降，但对生鲜标准化要求更高。同时，对烹饪便利性需求也出现提升，主要是操作快捷性和下厨的便捷性，这也就导致半成品菜、净菜、熟食、加工面点等商品的消费在逐年攀升。

### 2.数字化转型迫在眉睫

未来，生鲜零售商不会缩减IT方面的资金投入，而会将数字化转型摆在首位，在某些情况下，甚至会加倍投资。

作为数字化转型的一部分，许多生鲜零售商将重新考虑他们的销售模式。为消费者打造跨渠道和跨触点购买的无缝体验，将成为重中之重。比如直播、闪店等形式，都值得尝试。

### 3. 全渠道购物将成为新常态

随着移动设备和语音助手的普及，全渠道客户的数量将会增加。比如线上下单，线下提货；线下购买，送货上门；在线购买，送货上门等。

生鲜门店可以使用相关的分析工具，对用户画像进行分析，了解客户行为以及消费习惯并跟踪与现金流有关的所有事情。通过这些分析，可以为门店提供更有针对性的营销攻略，还能为消费者提供更舒适的购物体验。

### 4. 绿色健康意识成为大众所趋

生鲜零售品牌采用农产品溯源系统，通过先进的物联网、一物一码等技术，从农产品基地到生鲜门店全程一码追溯，扫码即可溯源，将为消费者提供绿色健康的放心商品。

### 5. 生鲜电商市场潜力巨大

生鲜市场规模近万亿，但生鲜电商渗透率还相对很低，市场潜力仍然巨大。据天眼查数据显示，从2018年到2020年，国内生鲜电商相关企业数量分别为5.6万家、7.2万家、8.9万家，呈现稳步上升趋势，2020年生鲜电商全年交易规模约为3641.3亿元，同比增长42.54%。

目前生鲜电商市场主要平台包括：京东超市、天猫超市、苏宁易购超市等电商超市；易果生鲜、本来生活、每日优鲜、中粮我买网等垂直电商；京东7FRESH、盒马鲜生、叮咚买菜、京东到家、美团买菜、多点Dmall等O2O电商；有菜、雨润果蔬网、链农、一亩田等产业电商。

随着互联网的快速发展，消费场景呈现多元化，消费者不再局限单一的消费模式，促进了我国生鲜电商行业保持了较快的发展速度，从而导致市场竞争激烈化。但对于生鲜电商来说，优化服务、确保质量、提供更好的消费场景将是未来发展方向。

第一章

# 开店前期筹备

导言

俗话说得好，万事开头难。一家店要想顺利开张，也不是件容易的事情。只有充分地重视前期的准备工作，才能真正地为以后的开店事业铺平道路。

思维导图

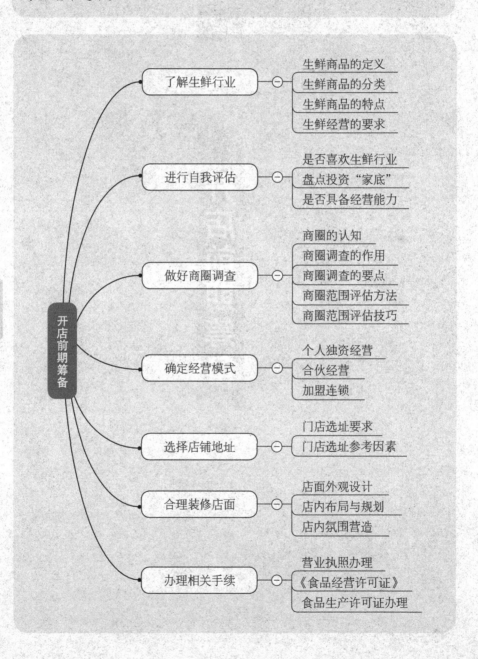

开店前期筹备

了解生鲜行业
- 生鲜商品的定义
- 生鲜商品的分类
- 生鲜商品的特点
- 生鲜经营的要求

进行自我评估
- 是否喜欢生鲜行业
- 盘点投资"家底"
- 是否具备经营能力

做好商圈调查
- 商圈的认知
- 商圈调查的作用
- 商圈调查的要点
- 商圈范围评估方法
- 商圈范围评估技巧

确定经营模式
- 个人独资经营
- 合伙经营
- 加盟连锁

选择店铺地址
- 门店选址要求
- 门店选址参考因素

合理装修店面
- 店面外观设计
- 店内布局与规划
- 店内氛围营造

办理相关手续
- 营业执照办理
- 《食品经营许可证》
- 食品生产许可证办理

生鲜是指未经烹调、制作等深加工过程，只做必要保鲜和简单整理上架而出售的初级产品，以及面包、熟食等现场加工品类的商品的统称。生鲜行业是一个需求旺盛、频率高、反周期的市场，拥有近两万亿的市场规模。

## 一、生鲜商品的定义

生鲜商品按照加工程度和保存方式不同，包括初级生鲜商品、冷冻冷藏生鲜商品和加工生鲜商品三大类。

### 1. 初级生鲜商品

初级生鲜商品主要包括图1-1所示的两类。

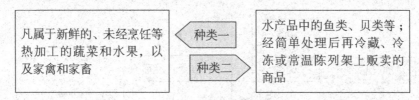

**图1-1 初级生鲜商品**

### 2. 冷冻冷藏生鲜商品

冷冻冷藏生鲜商品包括冷冻食品和冷藏调理食品两类，具体如图1-2所示。

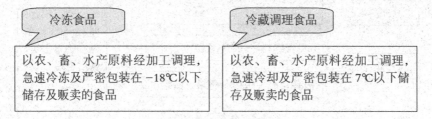

**图1-2 冷冻冷藏生鲜商品**

### 3. 加工生鲜商品

加工生鲜商品是指经过烹饪等热加工处理后的熟食、面包点心和其他加工食品。具体如图1-3所示。

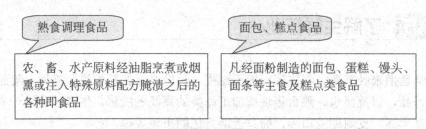

**熟食调理食品**

农、畜、水产原料经油脂烹煮或烟熏或注入特殊原料配方腌渍之后的各种即食品

**面包、糕点食品**

凡经面粉制造的面包、蛋糕、馒头、面条等主食及糕点类食品

图1-3　加工生鲜商品

## 二、生鲜商品的分类

目前生鲜商品较有代表性的是指的"生鲜三品"，即果蔬、肉类、水产品，对这类商品基本上只做必要的保鲜和简单整理就可上架出售，再加上较常见的、由西式生鲜制品衍生而来的面包和熟食等现场加工品类，共同组合为"生鲜五品"。具体如图1-4所示。

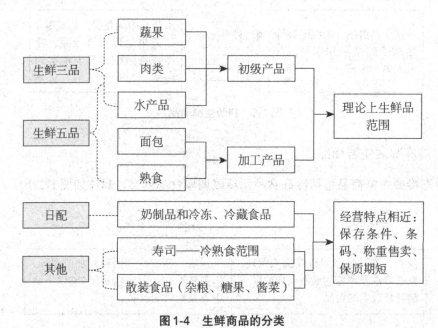

图1-4　生鲜商品的分类

## 三、生鲜商品的特点

与一般商品相比，生鲜商品具有图1-5所示的特点。

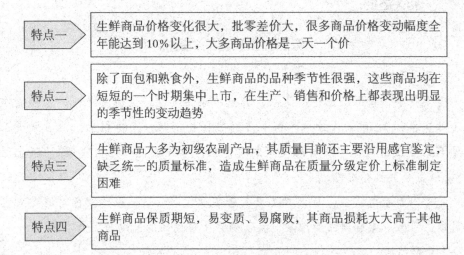

图1-5 生鲜商品的特点

## 四、生鲜经营的要求

对于生鲜店来说，经营生鲜商品要达到图1-6所示的要求。

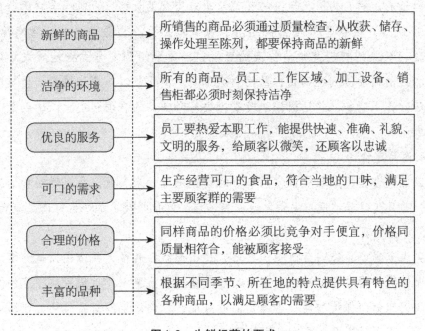

图1-6 生鲜经营的要求

 相关链接

## 生鲜店吸引顾客的关键点

### 1.卫生干净

提供安全、新鲜、卫生的商品，其先决条件，除进货质量保证，生鲜操作间（如肉类部）、卖场（如水产部）要经常保持清洁，不得积水，以保障员工及顾客的安全，避免一切蓄积灰尘的可能性。操作间内"禁止吸烟""禁止用餐"，以符合卫生标准。

此外，对生鲜作业人员严格要求其着装及仪容仪表，以建立良好的个人卫生习惯，可减少生鲜商品受污染，且可确保生鲜商品的鲜度与品质。

### 2.新鲜品质

生鲜店要提供给顾客新鲜卫生的好商品，就必须要控制质量。质量就是生鲜商品的生命，因此生鲜店对于质量要严格把关，并建立严格的验收货制度。

### 3.商品陈列

生鲜商品所具备的基本色彩是卖场热烈红火气氛的制造者。它能营造整体生鲜卖场的新鲜、热情、活泼的气氛及季节变化的量感，也能让丰富的陈列体现出新鲜感，根据季节性商品组合，做到商品齐全、分类清楚、量感陈列，要体现出商品的特性及物美价廉的意境，还要利用陈列方式将性质或功能相同或相近的商品陈列在同处，从而刺激消费，简化顾客对商品质量、价格的比较程序，易于销售，并且根据季节安排每一种商品的合理空间，以达到最高销售效果。

### 4.商品定价

以低廉合理的市场价格、强有力的促销来增加来客数，是生鲜经营的基本思路，并且随时以"低价促销"来保持品质、降低损耗、加快生鲜商品流转。

### 5.鲜度管理

完成生鲜商品陈列后而不加整理，将削弱商品表现力并造成损耗。卖场在营业时间提供持续鲜度高的生鲜商品是必备的营业要求，也是留住顾客的最佳方法。因此如何保持和延长生鲜商品的鲜度，以确保生鲜商品质量，使顾客买得安心，是生鲜店务必要达成的目标。

**6.库存规范**

明确了解各项生鲜商品和加工原料的理想存储温湿度要求，使商品和原料在待售、待用状态下保持最佳品质。

**7.顾客需求**

只有有效满足顾客的需求，才能实现最终目的——创造经营利润最大化，门店才能持续经营和发展。因此在门店经营管理上，要注意将生鲜商品质量的筛选方法用POP牌告诉顾客，以降低人为损耗，并明确标出各种生鲜产品的料理方法或营养成分，以吸引或增加新的顾客购买，这样才能换来顾客的长期信任和购买以及门店的长期利润回报。

## 第二节　进行自我评估

在你有开生鲜店的想法，或者是正决定开一家生鲜店的时候，最好要对自我进行一个客观合理的评估。在准备开生鲜店之前，你必须慎重考虑，正确评估自身条件是否适合开生鲜店。

### 一、是否喜欢生鲜行业

因为兴趣与爱好有助于工作的愉快和顺利开展，而热爱本职，也更有利于创业成功。当然，在考虑开生鲜店的过程中，光凭兴趣与爱好是远远不够的，至少条件是不充分的，还必须考虑自己胜任投资生鲜店的专业知识和能力等。

### 二、盘点投资"家底"

开生鲜店要支付数额不等的接管费用、押金或加盟费等，在经营过程中还要支付一定的管理费，此外还有新店装修、房租、设备、人员工资等。没有足够的资金准备，即使开业了也是难以为继。所以，开店前应盘点一下自己的家底是否够开支。

通常，开生鲜店需支付的费用大致是：房屋租金约占营业额的10%；材料设备费约占营业额的35%；员工工资约占营业额的20%；税金和杂费占营业额的10%～15%；水电燃料和消耗品费占营业额的8%～10%；设备折旧费约占营业额的5%。无论你投资50万元或100万元，都可以如此类推进行折算。

### 三、是否具备经营能力

所谓经营能力，对于店主来说，就是具备开生鲜店的能力和特质。通常而言，生鲜店店主应具备的能力及特质如图1-7所示。

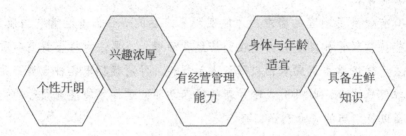

**图1-7 生鲜店店主应具备的能力及特质**

#### 1. 个性开朗

因为生鲜店是服务行业，店主的个性正好可以反映在店内的气氛上。店主站在员工面前，引导生鲜店的经营，如果个性不开朗，店内的气氛就会变得较沉闷，消费者就难以喜欢上门光顾。

#### 2. 兴趣浓厚

有人说，兴趣是最好的老师，当然，开生鲜店也同样如此。对于开生鲜店的兴趣，往往影响到开店成功与否。如果不喜欢，那最好不要勉强。

#### 3. 有经营管理能力

经营管理者的能力素质一般表现为：决策能力、组织能力、协调能力、创新能力、激励能力、用人能力、规划能力、判断能力、应变能力和社交能力等。

只有把这些素质具体运用于解决门店经营管理的实际问题时，才能转化为能力。比如说到创新能力，就是要求店主在经营的过程中，能不断提出新设想、新方案，不断追求日新月异。

因为现代市场经济是一种竞争性很强的经济，生鲜门店要想在竞争中处于有利的地位，就必须使门店经营活动独具特色，不断创新，以增强门店的竞争力。这就需要经营管理者对新事物具有高度的敏感性，要有丰富的想象力和宽阔的视野，要有锐意进取的雄心和勇气，要有接受和采纳新观念、新方法、新技术的胆识与气魄。

### 4.身体与年龄适宜

开生鲜店是一项十分艰苦的工作，既是较复杂的脑力劳动，又具有较强的体力性；既有较长的节奏感，又具有较长的连续性。尤其是投资经营小型生鲜店，通常大小事务都要店主亲力亲为。这些特点都表明作为一名管理者必须具备较好的身体素质，使身体经常保持健康状态，否则就难以维持正常的经营。

一般来说，开生鲜店的年龄适宜于青年时期和中年时期，因为这两个时期的体力处于良好的状态，且智力水平也具有较强的优势。所以，体能条件也是开生鲜店的关键因素。

### 5.具备生鲜知识

作为生鲜店主，须掌握一些必要的生鲜知识，这样才不至于陷入投资失败的境地。对于内行人来说，也许不成一个大问题，对于外行人来说，却是一个关键的问题。

## 第三节 做好商圈调查

无论是自己当老板还是受雇于他人，经营一家店铺，做好商圈调查是必不可少的。商圈调查往往影响到开店后的盈利，所以是不可忽视的一环。

### 一、商圈的认知

#### 1.什么是商圈

所谓商圈，指以店铺坐落点为圆心，向外延伸某一距离，以此距离为半径构成的一个圆形消费圈。店铺的绝大部分购买力来自该区域。

商圈的描绘受各种因素的制约，其形态往往呈不规则形状，但从理论上说，商圈结构的3个层次可以用3个大小不等的同心圆来表示，其关键在于确定各层次的半径距离。具体如图1-8所示。

以位于居民小区的店铺为例，一般以半径500米为主商圈，半径1000米为次商圈，半径1500米为第三商圈，步行所需时间分别为8分钟、15分钟、20分钟左右（参见表1-1）。此外，也有来自商圈之外的购买力，如流动购买力、特殊关系购买力等，但所占比重很小。

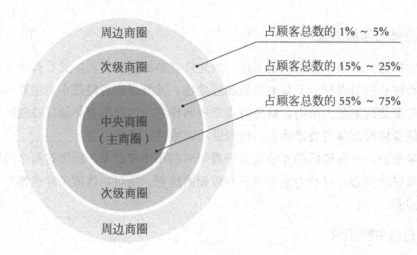

周边商圈 — 占顾客总数的 1%～5%

次级商圈 — 占顾客总数的 15%～25%

中央商圈（主商圈） — 占顾客总数的 55%～75%

次级商圈

周边商圈

图1-8　商圈图

表1-1　商圈范围构成表

| 商圈构成 | 特点 | 商圈半径 | 步行时间 | 顾客比例 |
| --- | --- | --- | --- | --- |
| 主商圈 | 核心商圈 | 500 米 | 8 分钟 | 一般占顾客总数的 65% 左右 |
| 次商圈 | 外围商圈 | 1000 米 | 15 分钟 | 占顾客总数的 20% 左右 |
| 周边商圈 | 边缘商圈 | 1500 米 | 20 分钟 | 占顾客总数的 3% 左右 |

　　上述数字是经验数字，具体落实到每一间店铺，则需要第一手的居民调查数据作为修正依据。因为店铺经营业态、业种不同，店铺规模大小不一，其商圈半径也会有很大的差别，并不是一成不变的。

**开店秘诀**

　　商圈大小与店铺的经营规划、经营范围、所处地段、商店信誉、交通条件等有密切关系，这些因素决定着店铺的经营辐射能力。商圈范围是店铺确定服务对象的分布、商品构成、促销方法和宣传范围的主要依据。

### 2. 不同区位的商圈范围

　　位于市中心或重要地段的店铺的商圈范围最大，可以辐射整个城市，而位于居民区的店铺由于多以经营生活日用品为主，所以商圈范围相应较小。在这里，除了正常的经营因素外，还应考虑到地形条件（如桥梁、河流、封闭式道路）、行政区划、传统购物流向等非经营性因素的影响。

在某些地点，店铺也可借助大店、名店的辐射力，尽量在空间上接近它们，以达到以最低成本扩大商圈的效果。这就是零售业经营中的所谓"寄生法"，即利用大店、名店来吸引顾客扩大销售。

3. 商圈类型

商圈的类型主要包括表1-2所示的6种。

表1-2　商圈的类型

| 序号 | 类型 | 具体说明 |
| --- | --- | --- |
| 1 | 商业区 | 商业区即商业行为比较集中的地区，各种商店林立，其特点为商圈大、流动人口多、繁华热闹；其消费习性具有快速、流行、娱乐、冲动购买及消费金额高等特点 |
| 2 | 住宅区 | 住宅区内户数多，一般在1000户以上；住宅区消费群稳定，讲究亲和感，具有便利性、家庭用品购买率高等特点 |
| 3 | 文教区 | 文教区一般有一所或多所学校；消费群以学生居多，消费金额普遍不高，休闲食品、文教用品购买率高 |
| 4 | 办公区 | 办公区的消费习性为便利性，外来人口多，消费水准较高 |
| 5 | 工业区 | 工业区的消费者多为工厂管理者及打工一族，消费水平较低，消费总量较大 |
| 6 | 混合区 | 混合区分有商住混合、工商混合等形态，由于商圈形态趋向复合式，混合区具备多商圈形态的消费特色，属多元化的消费习性 |

**开店**秘诀

往往一个商圈内含有多种商圈类型，店主应根据店铺的规模和业态类型，来排定优先顺序，进行商圈调查和市场评估。

## 二、商圈调查的作用

进行商圈调查的作用如图1-9所示。

店铺合理选址的基础

有助于制定竞争经营策略

有助于制定市场开拓战略

图1-9　商圈调查的作用

**1. 店铺合理选址的基础**

新设店铺在选择地址时，总是力求较大的目标市场，以吸引更多的目标顾客，这首先就需要店主明确商圈范围，了解商圈详细资料，由此可见商圈分析在这一过程中的重要性。

**2. 有助于制定竞争经营策略**

在日趋激烈的市场竞争环境中，仅仅运用价格竞争手段显得太有限了。店铺为取得竞争优势，广泛采取非价格竞争手段，如改善形象、完善售后服务等，店主通过商圈分析，根据顾客的要求，采取竞争性的经营策略，从而吸引顾客，成为竞争的赢家。

**3. 有助于制定市场开拓战略**

一个店铺经营方针、策略的制定或调整，总要立足于商圈内各种环境因素的现状及其发展趋势。通过商圈分析，可以帮助店主制定合适的市场开拓战略，不断延伸经营触角，扩大商圈范围，提高市场占有率。

## 三、商圈调查的要点

商圈调查要点，具体包括图1-10所示的6个方面。

人口数量、职业、年龄层　　　　　　　　商圈内基础设施

消费习性、生活习惯　　　商圈调查的要点　　　竞争店调查

流动人口　　　　　　　　　　　　　商圈未来发展

图1-10　商圈调查的要点

### 1. 人口数量、职业、年龄层

人口数量的调查是相当重要的，通过调查可大略估计该商圈是否有该店立足的基本顾客数量。

比如，人口数量为10000人的A商圈，其上班人口及上学人口占3/5，则A商圈基本上有6000名上班人口及上学人口。

### 2. 消费习性、生活习惯

通过消费习性及生活习惯的调查，可得知某一形态的商业行为其现有市场量的大小。

如上例，A商圈家庭以上班族居多，且该区生活习惯早餐外卖，调查结果约为80%的上班人口及上学人口会在外购买早餐，其平均客单价以5元计，则A商圈在早餐消费方面每日基本上约为2.4万元的市场量。

### 3. 流动人口

店铺的地理位置及流动人口的多少，直接影响该店经营的成功与否。不同时段的流动人口调查乘以流动人员入店率，可推算出顾客数量，并可粗估每日营业额。

比如，某商店所处地段每小时流动人数为500人，其入店率平均为10%（不同年龄层有不同的入店率），客单价平均为40元，则可粗估该商店每小时营业额为$500 \times 10\% \times 40 = 2000$元，每日营业额粗估为$2000 \times 14$（营业时间8:00 ~ 22:00）=28000元。

### 4. 商圈内基础设施

基础设备设施调查，如商圈内其他百货公司、超市、学校、工厂、车站、公园、写字楼等，对于招徕流动人口、增加商店来客数都有显著作用。

### 5. 竞争店调查

对同一商圈内同业态竞争店的调查，如其产品线、价格线、经营方向、日来客数、客单价资料，掌握得越多越翔实，就越有利于自己制定竞争对策。

### 6. 商圈未来发展

诸如商圈未来人口增加数；学校、公园、车站的设立；道路拓宽改造；百货公司、大型超市、住宅区的兴建计划等。

## 四、商圈范围评估方法

### 1. 利用行人评估商圈

对于店铺，商圈评估的一个重要途径就是利用行人，通过对行人的评估还有助于店址的选择。

为了更为直观地记录商圈内的人流量，最好画一张有道路网和重要设施的地图，依时间的不同，追踪预设的流向，并将其走向标示出来。在具体的操作中，需要注意以下要点。

（1）检查目前的人流趋向是否稳定，是否在道路的某侧有什么吸引顾客的设施即将建设，是否因此使人流量会有所变化。

（2）敲定店址设在路线型商圈的中间还是两端。如果周边没有集中购物设施，则可预测如果在人潮流向的起点出现大型店，若大型店的营业面积增加，则很难让顾客流向外面，所以应该检查店址是否在人流通往大型店的路线上，会不会有影响这条路线的大规模开发，以及一切有关市政规划和大型店的开店消息。

利用行人评估商圈，需要注意图1-11所示的事项。

事项一 ▷ 通常顾客数和人流量成正比，但在同一个商圈，也存在着较大不同，因为在数条人行路线中，与主要路线距离越远，人流量也会因分散而减少，差不多每相距100米之地或是有岔路进来的地点，人流便会急速减少

事项二 ▷ 尤其在宽敞的十字路口或车流量特别大的地方，在紧临的一方和对面的一方之间以及马路左右边之间，就会产生较为强烈的反差

事项三 ▷ 要留意有什么自然条件让人易于靠一边走，是否与能吸引人群的设施在一起，是否和通往目的地的道路相接等

**图1-11　利用行人评估商圈的注意事项**

### 2. 探查竞争对手情况

广义的竞争涵盖了"竞争"和"共生"，前者是指为了独占利益争个你死我活，后者则是共同分享利益，甚至互相合作来创造更多好处。因此，在分析商圈、调查竞争店的时候，要打探清楚自己店与附近店的商品内容功能是否相同，分析是否距离过近而互相牵制产生负面影响，或者彼此通过相互合作来增加这个地区的吸引力。

通过以下步骤可以较为全面地了解竞争店的情况。

（1）通过传闻了解或亲身访查。具体包括了解竞争店距离自己店的路程、资金、营业时间、管理人员及普通员工人数、服务方式、营业面积、停车场、商品项目、单价等一系列资料，从顾客年龄、服装、携带的物品等判断顾客阶层，店铺形象、声誉、布置、地点条件等也要充分考虑。

（2）以顾客的身份来刺探。以顾客的身份刺探，主要内容包括竞争店商品的陈列方式，并且从陈列量了解其商品的数量、价格、质量、主要供货商等信息。

（3）有规律地调查竞争店。每周均应到竞争店掌握其顾客数、流向以及时段等，并由所掌握的消费人数计算其销售额。

（4）整理调查结果和数据。根据以上所得结果整理竞争店资料，进而确定共生或竞争策略。

### 开店秘诀

> 对于竞争店，应该深入查访其营业面积、商品种类、员工人数及待客技巧等，通过比较发现自己的缺点。对于共生关系的店，则应该看能否更进一步开发新的需求商品。

## 五、商圈范围评估技巧

商圈会受到商品及服务质量的影响，也受能否回应顾客提出的要求的影响，可以仅就自己店里的情况划出范围，或是根据外部资料来描绘。

### 1. 根据区域位置

如果顾客需历尽艰难才能来到你的店里，那么即使住得很近，也不能算进你的商圈。相反的，如果你的店交通便捷，附近又有各具特色的店铺，顾客即使要倒几次车，心理上也不觉得远，就可以算进商圈内。

### 2. 根据商圈的形状

因为上下班或顺道而经常从店门前经过的人很可能会买东西，所以该顾客居住的地方也能列入商圈。而即使住在附近却从未光顾你的店，宁愿到远处去消费，那么这个区域自然也就不包含在商圈内，所以商圈的形状往往并不规则。

### 3. 根据实际顾客乘车或步行时间

无论估计顾客以何种交通工具前来，选址时都应该亲自用走路或乘车，顺着顾客平时购物的路线，看看道路的坡度、公共汽车线路及等车时间等状况。估算一下顾客坐公共汽车到你店购物，需花多少时间等车、坐车，还有对单行道等交通限制及塞车地点、塞车程度、出入停车场是否方便等，也都应该有所了解。如此沿各道路测出顾客实际上移动的距离，做出路线图，就能掌握商圈范围了。

### 4.修正初步估计的商圈

最后的工作就是对已初步确定的商圈进行修正，主要途径就是根据所经营的商品（服务）对店址附近的顾客进行调查。

## 第四节 确定经营模式

对于店主来说，如果自己拥有一套成熟的经营管理体系及经验，那么完全可以考虑独立开店；若无经验，选择合适的加盟体系，从中学习管理技巧，也不失为降低经营风险的好方法；若有经验但资金不足，也可选择有投资意向的人合伙经营。

### 一、个人独资经营

#### 1.什么是个人独资企业

个人独资企业简称独资企业，是指依照《中华人民共和国个人独资企业法》在中国境内设立，由一个自然人投资，财产为投资人个人所有，投资人以其个人财产对企业债务承担无限责任的经营实体。

设立个人独资企业应当具备下列条件。

（1）投资人为一个自然人。

（2）有合法的企业名称。

（3）有投资人申报的出资。

（4）有固定的生产经营场所和必要的生产经营条件。

（5）有必要的从业人员。

个人独资企业应当依法招用职工，职工的合法权益受法律保护。

#### 2.个人独资企业的优势

个人独资企业具有图1-12所示的优势。

| 优势一 | 企业资产所有权、控制权、经营权、收益权高度统一 |

| 优势二 | 企业业主自负盈亏和对企业的债务负无限责任成了强硬的预算约束；企业经营好坏同业主个人的经济利益乃至身家性命紧密相连，因而，业主会尽心竭力地把企业经营好 |

| 优势三 | 企业的外部法律法规等对企业的经营管理、决策、进入与退出、设立与破产的制约较小 |

**图1-12　个人独资企业的优势**

## 3. 个人独资企业的缺点

个人独资企业的缺点如图1-13所示。

 难以筹集大量资金　因为一个人的资金终归有限，以个人名义借贷款难度也较大，因此，独资企业限制了企业的扩展和大规模经营

 投资者风险巨大　企业业主对企业负无限责任，在硬化了企业预算约束的同时，也带来了业主承担风险过大的问题，从而限制了业主向风险较大的部门或领域进行投资的活动，这对新兴产业的形成和发展极为不利

 企业连续性差　企业所有权和经营权高度统一的产权结构，虽然使企业拥有充分的自主权，但这也意味着企业是自然人的企业，业主的病、死，他个人及家属知识和能力的缺乏，都可能导致企业破产

 潜在风险　企业内部的基本关系是雇佣劳动关系，劳资双方利益目标的差异，构成企业内部组织效率的潜在危险

**图1-13　个人独资企业的缺点**

 **相关链接**

### 个人独资企业与个体工商户的异同点

#### 1. 相同点

（1）个人独资企业和个体工商户民事责任的承担都是无限清偿责任。个人

经营的，以个人全部财产承担；家庭经营的，以家庭全部财产承担。

（2）都是一个自然人名义投资成立的，该自然人是完全民事责任能力人。

（3）每年1~6月，登录全国企业信用信息公示系统进行上一年度的年报公示。

（4）法律并无最低注册资本的要求，由投资人自行申报投资数额。

（5）个体工商户或个人独资企业的经营所得只缴个人所得税，不用缴纳企业所得税。

**2.不同点**

（1）关于人数限制。个体工商户的从业人数包括经营者本人、请帮手和带学徒等的雇工人员不得超过8人；个人独资企业没有从业人数限制。

（2）关于门面和字号名称。从事临时经营、季节性经营、流动经营和没有固定门面的摆摊经营，不得登记为个人独资企业，但可以登记为个体工商户。

（3）关于分支机构。个人独资企业可以设立分支机构，但个体工商户不行。

（4）关于变更。个人独资企业可以变更投资人姓名，而个体工商户只有在家庭经营的组成形式下才能变更经营者姓名，而且必须是家庭成员。

（5）关于经营者。个体工商户的投资者与经营者必须为同一人，而个人独资企业的投资人可以委托或聘用他人管理企业事务。

（6）关于财务制度。个人独资企业必须建立财务制度，以进行会计核算（需要会计），而个体工商户可以按照税务机关的要求建立账簿，如果税务部门不做要求，也可以不进行会计核算（不需要会计）。

## 二、合伙经营

不少人喜欢合伙做生意，这样双方投资负担就会减轻，并且在经营管理上也会轻松一些。

### 1.什么是合伙经营

合伙经营，也称合伙制企业，是由两个以上合伙人订立合伙协议，共同出资，合伙经营，共享收益，共担风险，并对合伙投资的生鲜店债务承担无限连带责任的经营性组织。

## 2. 设立合伙企业的条件

设立合伙企业，应当具备图1-14所示的条件。

| 有两个以上合伙人，合伙人为自然人的，应当具有完全民事行为能力 |
| 有书面合伙协议 |
| 有合伙人认缴或者实际缴付的出资 |
| 有合伙企业的名称和生产经营场所 |
| 法律、行政法规规定的其他条件 |

**图1-14 设立合伙企业的条件**

## 3. 合伙方式

（1）合伙人可以用货币、实物、知识产权、土地使用权或者其他财产权利出资，也可以用劳务出资。

合伙人以实物、知识产权、土地使用权或者其他财产权利出资，需要评估作价的，可以由全体合伙人协商确定，也可以由全体合伙人委托法定评估机构评估。

合伙人以劳务出资的，其评估办法由全体合伙人协商确定，并在合伙协议中载明。

（2）合伙人应当按照合伙协议约定的出资方式、数额和缴付期限，履行出资义务。以非货币财产出资的，依照法律、行政法规的规定，需要办理财产权转移手续的，应当依法办理。

## 4. 合伙经营的优势

合伙企业在资本扩张方面较个人独资企业更有优势。个人独资企业仅有一个投资人，尽管存在整个家庭财产成为个人独资企业资本来源的情形，但该类企业资本规模相对较小，抗风险能力较弱。为扩张资本，单个投资人可通过联合方式，采用合伙企业组织经营，从而解决短期资本积累问题。

尽管现代社会中公司是最普遍采用的企业组织形式，其在迅速筹集资本方面显现出较强的能力，但合伙制度仍在现代企业制度中占有一席之地，其优势如表1-3所示。

**表1-3 合伙经营的优势**

| 序号 | 优势 | 具体说明 |
|------|------|----------|
| 1 | 风险可控 | 尽管合伙人普遍承担无限连带责任，较公司股东的有限责任承担更多投资风险，但按照"风险与收益挂钩"的基本原理，此种设计保障了债权人利益，从而使合伙企业可以更为容易地获得交易对手的信任，获得较多商业机会并减少交易成本，因此只要合伙人谨慎控制风险，合伙也是一种可选择的企业形态 |
| 2 | 共同决策 | 通常合伙人人数较少，并具有特定人身信任关系，有利于合伙经营决策与合伙事务执行，合伙人共同决策合伙经营事项，共同执行合伙事务，其也可以委托其中一个或者数个合伙人经营；这种合伙人之间的信任关系及合伙企业经营决策方式，迥然不同于公司（特别是股份公司）股东之间的资本联系及公司所有权与经营权分离的现状，为投资者有效控制企业及相关风险提供了较优选择 |

### 5. 合伙经营的缺点

由于合伙企业的无限连带责任，对合伙人不是十分了解的人一般不敢入伙；就算以有限责任人的身份入伙，由于有限责任人不能参与事务管理，这就产生有限责任人对无限责任人的担心，怕他不全心全意的干，而无限责任人在分红时，觉得所有经营都是自己在做，有限责任人就凭一点资本投入就坐收盈利，又会感到委屈。因此，合伙企业是很难做大做强的。

虽说连带责任在理论上来讲有利于保护债权人，但在现实生活中操作起来往往不然。如果一个合伙人有能力还清整个企业的债务，而其他合伙人连还清自己那份的能力都没有时，按连带责任来讲，这个有能力的合伙人应该还清企业所欠所有债务。但是，他如果这样做了，再去找其他合伙人要回自己垫付的债款就很难了，因此，他不会这样独立承担所有债款的，还有可能连自己的那一份都等大家一起还。

### 6. 合伙经营的注意事项

生鲜店合伙经营应注意图1-15所示事项。

## 三、加盟连锁

对于没有经验及资金不是太充裕的店主而言，靠"借鸡生蛋"，加盟一家资质好、运营模式成熟的连锁生鲜品牌成了他们的首选。不过，机会与风险是并存的，投资加入经营生鲜连锁店，店主既可从中发掘出令人惊喜的"金矿"，也有可能掉

| 事项一 | 谨慎选择合伙人 |

人品第一、价值观第二、工作态度第三、才能第四，是选择合伙人的四大标准，这四个条件缺一不可

| 事项二 | 时刻掌握主动权 |

在没有看好合伙人之前，最好不要轻易合伙，即使合伙了，必须要在全部企业经营中控制主动权，如人事、财务、客户资料、上游供给商的关系等核心资源，如果出现问题时才有能力去处置，防止互相扯皮的现象，最大限度地减少经营的损失

| 事项三 | 签订具有法律效力的合作协议及商业保密协议 |

合作期间签订合同，可以有效防止个人私心的膨胀而导致分裂，如果有商业核心秘密，也要签订竞业保密协议，即使是再好的朋友，也要先小人后君子

| 事项四 | 对待能人的方式 |

有些人的能力特别好，但不一定适合当合伙人，可以采用高薪＋分红方式来留人，而非用股份的合伙方式

| 事项五 | 建立良好的沟通方式 |

在合作过程中最为忌讳的是互相猜忌、打小算盘，这样的合作肯定不会长久，出现问题要本着真诚、互信、公心态度来解决，有什么事情放到桌面上来讨论，就事论事，大家如果都是出于公心，分歧是很容易得到解决的

| 事项六 | 处理冲突时做好最坏的打算 |

合伙人出现分歧，做好最坏的打算，心中有底，处理问题时就会心平气和、理性地去面对，让事情得到圆满解决，在不违反原则的前提下，要本着不伤和气、好聚好散地去处理事情，合作不成还可以继续做朋友

| 事项七 | 尽量避免双方亲戚在店里上班 |

在店里最好不要雇用双方的亲戚，会造成一些公私不分、闲言碎语、家事与公事感情纠缠的麻烦，会动摇合伙人之间的合作基础

**图1-15 合伙经营的注意事项**

进危险的陷阱。如何选择一家优良的生鲜连锁店，便成为中小店主开店能否成功的关键，所以，店主必须把好这一关。

作为店主，在加盟生鲜连锁前，要做好以下考察工作。

### 1. 特许经营资质审查

应向生鲜连锁企业索要并审查其备案资料，以防上当受骗。

### 2. 准确评估品牌知名度

选择一家拥有良好知名度、优秀企业品牌形象的生鲜连锁企业，是创业成功的必要条件。

### 3. 考察连锁企业的发展历史、发展阶段

一般来说，应选择较长历史的生鲜连锁企业。因为生鲜连锁企业发展越成熟，你承担的风险就越会降低。但这也不是一个绝对的参照标准，因为一些新兴业务确实有很大的发展潜力。

### 4. 考察连锁企业已运行的直营店、加盟店

在选择良好的生鲜连锁企业时，应充分了解其直营店和加盟店的经营状况是否良好、有无稳定的营业利润、利润前景是否具有后续性等。

### 5. 考察连锁企业的经营管理组织结构体系

优良的连锁企业应有组织合理、职能清晰、科学高效的经营管理组织，使各连锁店能高效运转。具体可从以下6个方面进行评价。

（1）是否具有健全的财务管理系统。

（2）是否具有完善的人力资源管理体系。

（3）是否具有新产品研发与创新能力。

（4）是否具有完善的物流配送系统。

（5）是否具有整体营运管理与督导体系。

（6）是否具有先进、科学、标准化且可复制的产品生产管理支持体系等。

### 6. 考察连锁企业应提供的开业全面支持

一般来说，连锁企业提供的开业全面支持应包括以下内容。

（1）地区市场商圈选择。

（2）人员配备与招聘。

（3）地区市场产品定位与地域性产品开发。

（4）业前培训。

（5）开业准备。

其中，地区市场商圈选择支持应包括以下内容。

——提供如协助加盟者完成所在地的商圈调查。

——提供给加盟者适当的商圈区域保障。

——连锁企业在针对精华商圈多点加盟时，在同区域增加新点应提供迁店保障。

——为加盟者预留同行业竞争出现时的竞争保障空间等。

### 7. 考察连锁企业的加盟契约、手册

一般来说，连锁企业应同意加盟者将契约和手册带回审阅7个工作日，加盟者可从以下方面加以判断：公平性、合理性、合法性、费用承受性、地域性限制、时效性、可操作性等。

**开店秘诀**

加盟契约是规定企业与加盟店的关系及加盟权利义务的法律文件，也是特许经营业务发展形式的基础，是特许体系得以发展的依据；加盟手册则是加盟店日常经营的纲领性指导文件。

### 8. 考察加盟店的成功率

应考察加盟店的成功率，一个成熟的加盟系统需要长时间的经验积累和管理系统的不断完善，在正常经营的情况下，关店的情况并不多。

如果一个加盟系统出现关店的情形，一定要谨慎；如果一个加盟系统出现多个关店的情形时，无论是个体经营的失误，还是其他什么原因都应考虑放弃。

### 9. 考察其他加盟店的经营状况

弄清加盟总部是否有两家以上直营门店和一年以上经营经验，有供他人有权使用的商标；必须要求联系现有加盟商，并亲自前往探究经营状况。条件允许的话，可以"伪装"为当地顾客多考察几天，对加盟店铺的营业面积、服务员工、顾客反响作一个细致的分析。

### 10. 考察加盟费用是否合理

每个加盟企业拥有自己的加盟费用标准，一般情况下是不可讨价还价的。考察

加盟费用是否合理，最重要的是要看投资回报率。可以参照其他加盟店的回报率，如果觉得此系统加盟店的回报率达到自己的要求，那么加盟费用就基本上是合理的。

## 第五节　选择店铺地址

生鲜行业的高频、刚需等特点，导致生鲜店的生意相对比较稳定。但是，再好的生意，如果选址没做好，一切都是白搭。选址不是简简单单定个铺子，还需要考虑客流量、购买力、竞争力等多方面因素。

### 一、门店选址要求

社区生鲜店选址应达到图1-16所示的6个要求。

**图1-16　门店选址要求**

**1. 显眼**

要想门店显眼，可按"金角>银边>草肚皮"的规律来选。

（1）金角的铺位是首选，因为街角汇聚四方人流，人们立足时间长，展示面大，品牌曝光度高，因而街角商铺财气旺。比如肯德基、星巴克等大型连锁企业都爱选这样的金角位置。

（2）银边是指街两端处于人流进入的端口，也是刚进入商街的客流有兴趣、有时间高密度停留的地方。因为距离金角不算远，所以银边的作用就是借力，能分一杯羹，顾客虽有惰性，但也在接受距离内。

（3）草肚皮则指中间部分，因客流分散、购物兴趣下降、行走体力不支而使店铺经营困难重重，或是一头一尾都有吸引人气的竞品，开在中间的话就难以存活。

**2. 便利**

（1）方便停车。虽然是社区生鲜店，但也可以吸引社区以外的顾客前来购买。如果顾客从很远的位置看到你的店，但又不方便停车的话，那么顾客可能就不会选择进店了。

（2）台阶少。尽可能选择没有台阶，如果有也不能超过3个台阶，因为生鲜店中大多数顾客是大爷、大妈，而且他们一般还会带上小拖车，如果台阶太多，对他们来说就很不方便，久而久之如果有别的选择，他们就不会光顾你的店了。

（3）离马路较近。离马路太远就说明人行道很宽，中间有可能有绿化带隔离，那么当顾客从隔离带另一侧通行时，无形就阻隔了人流。

3. 人流

（1）人流走向。人流的走向会直接影响店内客流量，一定要选择顺着人流方向的店，也就是同样一个十字路口选择一个人流尽可能多的一侧或者是上下班必经之路，最好是靠近下班回家的地铁口、公交站台、学校门口等。

（2）人流有效时间点。观察人流有效时间点为上午10:30～12:00、下午16:30～18:30、晚上20:30～22:00，因为这3个时间点是生鲜店的高峰期，只要这些时间点有人流就不愁没有客源。另外，还要观察星期五、六、日的人流是否足够多。

4. 消费

（1）商业区。商业区相对消费较高，但是对于生鲜店来说，购买率不是很理想，试想一下，谁会愿意在逛街或者逛商场时拎着水果蔬菜呢。

（2）住宅区。首先要调查周边小区的有效住户数量，再有就是入住率，可以在晚上6:00～8:00这个时间段，通过灯光数量来判断入住率。最后要了解小区是商品房还是回迁房，商品房消费相对较高，回迁房相对来说差一点。

（3）商业+住宅。如果是住宅区包裹着商业街区，就是一个好地段，因为它既有商业区的消费力又有住宅区的购买率，客流相对会比较稳定。

5. 门头

（1）门头大小。门头俗称牌匾，牌匾越大越显眼，从视觉上可让顾客不由自主地一眼就能盯上。

（2）展示面。门头大的店相对门口会更宽，那么它可以很好地利用空间去展示商品，能够吸引顾客。

6. 格局

（1）不规则店面。如果店面是梯形或者多边形构造，就不利于货物的陈列，而且不能做到充分利用空间，容易形成死角，且浪费空间。

（2）长方形店面。这里的长方形是指从进门算，展示面差，给顾客一种不好的感觉，很多顾客不愿意往最里面走，那么里面货物就很难销售。

（3）正方形店面。正方形店面展示面好，可以充分利用空间，而且顾客一进店就可以把所有商品看全。

## 二、门店选址参考因素

选择生鲜店址时，应参考图1-17所示的4个因素。

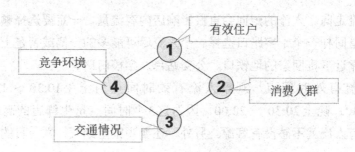

图1-17　店址选择参考因素

### 1. 有效住户

生鲜店不同于餐厅，为了吃个饭可能大多数人都愿意多跑段路，但是为了买菜，这个意愿相对就比较低了。社区生鲜店依附社区而生，主要客流量大多来自附近两三百米内的小区居民，这些人流量才是生鲜店的主要客流。因此，生鲜店选址，人流量大的地方，不一定能带来好生意，一定要选择有实际需求的人群聚集区。有需求的同时还要有数量，一般来说，门店500米范围内有效住户在1500户以上就有相对稳定的客源了。

### 2. 消费人群

目前生鲜店的主要消费人群以中老年为主，所以在选址的同时，需要了解该小区附近住户的主要年龄分布。年轻人大多都在上班，早出晚归，买菜时间较少，中老年人仍是主要消费人群。

### 3. 交通情况

由于社区生鲜店离小区都很近，有的直接下楼走几步就到了。但是，有的可能稍微远一点，有人习惯骑车或开车，所以店的附近最好交通便利，方便停车，没有隔离带，这样不仅可以使附近消费者购物更便利，还可能吸引更多较远地区消费者前来购买。

### 4. 竞争环境

商业竞争是很常见的现象，社区生鲜店虽然选址要求不高，但也要注意竞争情况。最好选择一些同行、大型超市、菜场较少或较远的位置，这样可以减少竞争压力，更有利于开店。

## 第六节　合理装修店面

### 一、店面外观设计

店面是无声的导购员，有特色的店面可以吸引更多的顾客进入。"包装"到位了，才能让店面成为生鲜店的鲜活广告。

#### 1. 外观造型

店面的外观造型与周围建筑的形式和风格应基本统一，店面装饰的各种形式因素的组合，应做到重点突出、主次明确，对比富有节奏和韵律感。

一般说来，店面应多设开放入口，使顾客没有任何障碍，可以自由地出入。前面的陈列柜台也要做得低一些，使顾客从外面就能够很容易看到里面的商品。

#### 2. 店铺名称

一个好的店名就是一块招牌、一笔资产，它是外观形象的重要组成部分。从一定程度上讲，好的店名能快速地把本店的经营理念传播给顾客，增强门店的感染力，从而带来更多的财源。店铺在命名时，需要遵循4个原则，具体如图1-18所示。

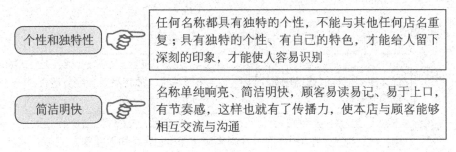

图1-18

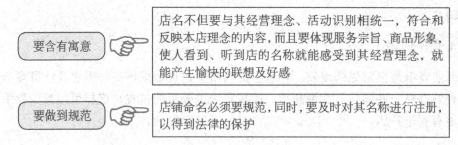

要含有寓意 👉 店名不但要与其经营理念、活动识别相统一，符合和反映本店理念的内容，而且要体现服务宗旨、商品形象，使人看到、听到店的名称就能感受到其经营理念，就能产生愉快的联想及好感

要做到规范 👉 店铺命名必须要规范，同时，要及时对其名称进行注册，以得到法律的保护

**图 1-18　店铺命名原则**

### 3.店面标志

店面标志代表的是一个店的形象，将店的经营理念、经营内容、经营作风等要素传递给广大消费者。

（1）店面标志的类型。店面标志，按其构成主要有3种类型，具体如表1-4所示。

**表 1-4　店面标志的类型**

| 序号 | 类型 | 具体说明 |
| --- | --- | --- |
| 1 | 文字标志 | 由各种文字、拼音字母等单独构成；标志发音清晰，具有易呼易记的特点，适用于多种传播方式 |
| 2 | 图案标志 | 无任何文字，单独用图形构成的标志，用图案表示的标志形象生动，色彩明快，而且不受语言的限制，易于识别；由于图案标志没有标志名称，不便呼叫，因此表意不如文字标志准确 |
| 3 | 组合标志 | 采用各种文字、图形、拼音字母等交叉组合而成的标志；利用和发挥了文字标志和图案标志的特点，图文并茂，形象生动，引人注目，便于识别，易于被广大消费者所接受 |

（2）店面标志的设计要求。具体来说，店面标志的设计要求如图1-19所示。

**1** 要有创新意识，做到构图新颖别致，富于个性化

**2** 含义深刻，能够体现出其个性特点、精神风貌、独特品质、经营理念、经营范围等

**3** 标志一旦确定，在相当长的一个时期应该保持稳定，切不可多变

| 4 | 标志设计应逐步国际化、统一化 |
| 5 | 符合有关法律法规的要求 |

**图1-19　店面标志的设计要求**

#### 4.店面招牌

招牌作为一个门店的象征，具有很强的指示与引导的作用。招牌是传播店面形象、扩大知名度、美化环境的一种有效手段和工具。

如果是加盟的连锁店，招牌往往会由总部的专门人员负责设计，或采用统一的招牌。如果是个人的店铺，则要设计一个独特的招牌，一般可以请专业的招牌制作公司来设计、制作。

一般来说，招牌设计有图1-20所示的3个基本原则。

原则一　**色彩上做到明亮醒目**

消费者对于招牌的识别往往是先从色彩开始再过渡到内容的，因此，要求色彩选择上应做到温馨明亮，而且醒目突出，使消费者过目不忘，一般应采用暖色或中色调颜色，如红、黄、橙、绿等色，同时还要注意各种色彩之间的恰当搭配

原则二　**内容表达要做到简洁突出**

门店招牌的内容必须做到简明扼要，让消费者容易记住，这样才能达到良好交流的目的，同时招牌上字的大小要考虑中远距离的传达效果，具有良好的可视度及传播度

原则三　**招牌材质要耐久、耐用**

在各种材质的选择中，要注意充分展示全天候的、不同的气候环境中的视觉识别效果，使其发挥更大的效能

**图1-20　招牌设计的基本原则**

### 二、店内布局与规划

生鲜店的商品还是比较丰富的，所以在装修的时候也要注意它的内部格局，根据商品的不同可以来进行格局设计，增加生鲜便利店的一些层次感，让它的格局更

加清晰，消费者在购买的时候也能够比较容易地找到自己想要购买的商品，这样可以有效提高消费者的购物体验感。

当然，店面的布局与规划是为日常经营服务的，因此，生鲜店对于店面的规划需要结合自己门店的实际情况来进行。一般来说，不同的生鲜品类其布局要点也不一样。

### 1. 肉类区

肉类商品属于顾客购买目的性非常强的商品类别，所以在布局设计中，多有图1-21所示的两种考虑。

沿墙设置，以便安排肉类加工间

布局

被用于最佳的磁石商品，调动顾客在卖场内的行走

**图1-21　肉类商品的位置布局**

💡 **开店秘诀**

肉类商品现场切卖的销售效果要优于包装销售，当销售高峰时包装销售是重要的补充形式。

### 2. 水产品区

不同地区水产品的消费购买程度不同，一般有图1-22所示的两种位置安排。

可置于门店的中央，与半成品熟食和各种海产集合销售

布局

可沿墙安排，本着生熟分开的原则，安排在与肉类区和蔬果区相邻的位置

**图1-22　水产品的位置布局**

### 3. 蔬果区

新鲜蔬果是每个家庭采购时必不可少的食品。由于商品季节性很强，色彩鲜艳，也是在色彩感官上很能抓住顾客的商品，而且与肉类商品有着较强的连带购买关系，因此可有图1-23所示的3种位置安排。

**1** 作为磁石商品考虑，调动顾客在卖场内的行走

**2** 安排在入口位置，吸引顾客进店

**3** 与肉类商品相邻，鼓励关联性购买

**图1-23 蔬果商品的位置布局**

### 4. 面包区

面包区是与熟食区并列的大型加工制作区域，用工、占地、原料储备都很大。由于烘烤气味诱人，是很好的气氛渲染和营造手段，并与日配品中奶制品和即食的熟食制品存在关联性购买关系，因此，在位置布局时可参考图1-24所示的方法。

可与日配区相邻，鼓励连带购买

可作为第一磁石商品考虑，安排在入口位置，吸引顾客进店

布局

**图1-24 面包商品的位置布局**

### 5. 熟食区

熟食商品的现场加工项目也是很诱人的卖点，与面包区可分可合，一般是肉类区与其他区相连的过渡布局环节，具体安排可参考图1-25所示的方法。

**1** 与面包区分开则卖点分开，在门店内合理分布，可调动客流

**2** 安排在面包区的旁边，但要本着生熟分开区域分布原则

**3** 可安排在加工自制熟食与标准风味熟食档相结合的位置

**图1-25 熟食商品的位置布局**

### 6. 日配区

日配商品的购买频率很高，其中奶制品尤其成为"必需性商品"，并与面包区的产品有很强的连带购买关系，可有图1-26所示的两种位置安排考虑。

图1-26　日配商品的位置布局

### 7. 冷冻区

冷冻食品既可替代鲜品，又容易化冻，所以其位置安排有图1-27所示的两种选择。

图1-27　冷冻食品的位置布局

### 8. 通道

生鲜店在装修设计的时候一定要预留出合理的通道。通道一般要有两人宽，至少能方便两人同时通过，这样才能在很大程度上解决安全的问题。如果通道设计得不合理，那么在出现火灾的时候，不能够及时疏散就会导致人员的伤亡，而且不合理的通道会让人感觉拥挤，这样也吸引不了消费者进店购买商品。

## 三、店内氛围营造

要使顾客产生购买冲动，必须使店内有卖场氛围。通过灯光、声音、气味、颜色等方面可以塑造出门店氛围，吸引只是随意逛逛的顾客产生购买欲望。

## 1. 灯光设计

良好的灯光设计能改善食品的色泽，从外观上推动顾客购买欲望。色彩是食物新鲜的语言，大胆而充满活力的色调让人感觉是新采摘的产品。因而，获得正确的食物光照对于传递食物新鲜信息至关重要。

基本的照明、商品的照明和装饰的照明构成生鲜店的灯光总体照明，如图1-28所示。

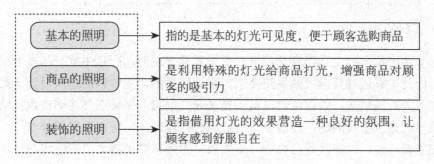

**图1-28　灯光总体照明的组成**

在生鲜店的灯光设计中，应将灯光照明设计的重点放在商品照明上。生鲜产品的一个重要属性是新鲜，是吸引顾客的法宝，而良好的商品照明效果，正好可以突出生鲜产品的新鲜度。

（1）蔬果区。顾客左顾右盼无非是为了挑选出一些新鲜水果和一捆鲜绿的蔬菜。为满足顾客的需求，就需要高照度、高显色性的照明来提高果蔬的色彩饱和度。五颜六色的蔬果像是一道道彩虹在眼前绽放，一派生机盎然，怎么能不心生欢喜呢。

（2）鲜肉区。说到受欢迎程度，门店里的"小鲜肉"最是招人喜欢。瘦肉鲜红，肥肉雪白，每一处都照得明明白白，这要借助于通过特殊色点LED芯片实现不同于常规灯的照明效果，能最大限度地体现鲜肉的色泽和质感，增加对顾客的吸引力。

（3）烘焙区。生鲜店里的面包虽不像面包房里的那样精致可人，但论色泽绝对"包"你满意。在暖暖的灯光映衬下，会让顾客有面包、点心、熟食刚刚出炉的感觉，在这种慵懒的气氛和舒适的购买环境下，"吃货"不是对着玻璃展示柜流口水，就是走在付款的路上。

（4）水产区。在很多人的印象里，水产区域总伴随着喧嚣嘈杂和腥臭，而善于利用高显色性、冷白色温的灯光，不但能营造出新鲜、卫生的环境，还能使人联想到辽阔的海洋和广阔的天空，营造出海鲜源头感，让水产的保鲜期不受到灯光的影响而缩短。

 **开店秘诀**

> 其实人的食欲，源于对食物"色"的认知。生鲜店对灯光拿捏精准，鲜肉的红、蔬果的绿、烘焙的黄、水产的活……合适的灯光能让食材自己发声，这远比导购员来得有效。

### 2. 通风设计

对于客流量大的生鲜店来说，空气是很容易变差的，而且生鲜产品重要的就是新鲜，因此生鲜店对其通风效果的要求也是比较高的。生鲜店的通风设计一般由自然风和人为通风组成。采用自然风就需要多开几扇窗，保证空气能够自由流动。但是毕竟自然通风是有限的，还需要人为通风进行辅助，可考虑采取紫外线灯光杀菌设备和空调设备，以便改善店内的环境质量，为顾客提供舒适清洁的购物环境。

### 3. 声音设计

声音的设计对店铺氛围可以产生积极的影响，也可以产生消极的影响。音乐的合理设计会给店铺带来好的气氛，而噪声则使卖场产生不愉快的气氛。

上班前，先播放几分钟幽雅恬静的乐曲，然后再播放振奋精神的乐曲，效果较好；当员工紧张工作而感到疲劳时，可播放一些安抚性的轻音乐以松弛神经；在临近营业结束时，播放的次数要频繁一些，乐曲要明快、热情，带有鼓舞色彩，使员工能全神贯注投入到全天最后也是最繁忙的工作中去。

### 4. 色彩设计

在门店进行装修的时候，色彩搭配一定要合理。色彩搭配要和产品的颜色相呼应，这样才能够让门店的整体环境达到协调统一，不会显得太突出。

色彩与环境、与商品搭配是否协调，对顾客的购物心理有重要影响。门店在装修时应当充分地运用颜色的搭配，以达到理想的效果。

比如，红橙黄这类色彩属暖色系，一般用来营造温和、亲近的氛围；蓝绿紫这类色彩属冷色系，常用于营造雅致、洁净的氛围。

在生鲜店的设计中，冷色系的运用会相对多一些。绿色，是"生命色"，是生鲜商品的自然属性，给人以充满活力之感。适当运用蓝、绿这类冷色系的装饰，恰好增强了生鲜产品的生命感。

## 第七节 办理相关手续

### 一、营业执照办理

营业执照是工商行政管理机关发给工商企业、个体经营者的准许从事某项生产经营活动的凭证。没有营业执照的工商企业或个体经营者一律不许开业，不得刻制公章、签订合同、注册商标、刊登广告，银行不予开立账户。

1. 个体户——"两证合一"

对于个体户来说，办理的营业执照为"两证合一"，即工商营业执照和税务登记证。

那么，怎样算是个体户呢？《个体工商户条例》第二条第1款规定："有经营能力的公民，依照本条例规定经工商行政管理部门登记，从事工商业经营的，为个体工商户。"

（1）个体工商户登记事项如下。

——经营者的姓名及住所：申请登记个体户的公民的姓名和户籍所在地的详细住址。

——组织形式：个人经营或家庭经营。

——经营范围：个体户从事经营活动所属的行业类别。

——经营场所：个体户营业所在地的详细地址。

——个体户可以使用名称，也可以不使用名称登记，使用名称的，名称亦作为登记事项。

（2）个体工商户营业执照办理所需材料如下。

——申请人签署的个体工商户开业登记申请书。

——申请人的身份证原件及复印件。

——经营场所证明，提供房屋租赁合同原件及复印件，房产证复印件。

——《物权法》第77条规定的经营场所为住宅时，需要取得有利害关系业务的同意证明。

——近期一寸免冠照片1张。

——国家工商行政管理部门规定提交的其他文件。

（3）个体工商户营业执照办理流程如下。

——申请人填写材料，提交申请。

——受理人员受理。

——地段管理人员进行核查。

——所长批准登记申请。

——受理人员在10日内发放营业执照。

 **开店**秘诀

申请人对于材料的真实性要负责，经营场所的表述要和房产证上的一致，复印材料要用A4纸，并用黑色的钢笔或签字笔填写。

**相关链接**

## 个体工商户的特征

（1）从事个体工商户必须依法核准登记。登记机关为工商行政管理部门。县、自治县、不设区的市、市辖区工商行政管理部门为个体工商户的登记机关，登记机关按照国务院工商行政管理部门的规定，可以委托其下属工商行政管理所办理个体工商户登记。

（2）个体工商户可以个人经营，也可以家庭经营。若个人经营的，以经营者本人为登记申请人；若家庭经营的，以家庭成员中主持经营者为登记申请人。

（3）个体工商户可以个人财产或者家庭财产作为经营资本。若是个人经营的，个体工商户的债务以个人财产承担；若是家庭经营的，个体工商户的债务以家庭财产承担，但是无法区分的，则以家庭财产承担。

（4）个体工商户只能经营法律法规允许个体经营的行业。对于申请登记的经营范围属于法律、行政法规禁止进入的行业的，登记机关不予以登记。

### 2.企业——"五证合一"

自2016年10月1日起，我国正式实施"五证合一、一照一码"的登记制度。"五证"即"工商营业执照、组织机构代码证、税务登记证、社会保险登记证和统计登记证"。"五证合一"变为加载统一社会信用代码的营业执照，如图1-29所示。

"五证合一"证件的办理流程如下。

（1）取名核名。

——按照公司名称结构规定给公司取名，建议取5个以上的名称备用，名称结构包含这几部分：行政区划、字号、行业、组织形式。

——咨询后领取并填写名称（变更）预先核准申请书、授权委托意见，同时准备相关材料。

——递交名称（变更）预先核准申请书、投资人身份证、备用名称若干及相关材料，等待名称核准结果。

——领取企业名称预先核准通知书。

（2）提交申请资料。领取企业名称核准通知书后，编制公司章程，准备注册地址证明所需的材料等向工商部门综合登记窗口提交登记申请材料，正式申请设立登记。

图1-29　营业执照

——综合登记窗口收到"五证合一"登记申请材料，对提交材料齐全的，出具收到材料凭据。

——工商行政管理局（以下简称工商局，有的地方称为市场监督管理局、工商和质量监督管理局）、质量技术监督局（以下简称质监局）、国家税务总局（以下简称税务局）对提交材料不符合或不齐全法定形式，不予核准通过的，将有关信息及需要补正的材料传送综合登记窗口，由综合登记窗口一次性告知申请人需要补正的全部材料。补正后的材料都符合要求的，综合登记窗口出具收到材料凭据。

——登记申请材料传送工商局、质监局、税务局办理审批和登记。

（3）领取营业执照。综合登记窗口在五个工作日之内，应向申请人颁发加载统一社会信用代码的营业执照。申请人携带准予设立登记通知书、办理人身份证原件，到工商局领取营业执照正、副本。

（4）篆刻公章。企业领取营业执照后，经办人凭营业执照，到公安局指定刻章点办理刻章事宜。一般餐饮企业要刻的印章包括：公章、财务章、合同章、法人代表章、发票章。

（5）银行开户。根据《人民币银行结算账户管理办法》规定，生鲜企业银行账户属于单位银行结算账户，按用途分为基本存款账户、一般存款账户、专用存款账户、临时存款账户，原则上应在注册地或住所地开立银行结算账户。一家生鲜企业只能在银行开立一个基本存款账户，该账户是存款人因办理日常转账结算和现金收付需要开立的银行结算账户。生鲜企业银行开立基本存款账户，建议先和银行预约办事时间并确认所需材料的具体内容及份数、法定代表人是否需要临柜，一般需准备好如下资料。

——营业执照的正副本。

——法人身份证原件。

——经办人身份证。

——法人私章、公章、财务章。

——其他开户银行所需的材料。

## 二、《食品经营许可证》

在中华人民共和国境内，从事食品销售和餐饮服务活动，应当依法取得食品经营许可。食品经营许可实行一地一证原则，即食品经营者在一个经营场所从事食品经营活动，应当取得一个食品经营许可证。如图1-30、图1-31所示。

图1-30 《食品经营许可证》正本式样　　图1-31 《食品经营许可证》副本式样

### 1. 申请资格

申请食品经营许可，应当先行取得营业执照等合法主体资格。

企业法人、合伙企业、个人独资企业、个体工商户等，以营业执照载明的主体作为申请人。

### 2. 申请类别

申请食品经营许可，应当按照食品经营主体业态和经营项目分类提出。

（1）主体业态。食品经营主体业态分为图1-32所示的3种。

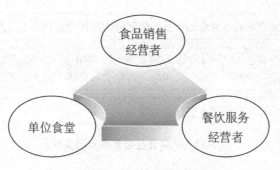

**图 1-32　食品经营主体业态**

 **开店秘诀**

食品经营者申请通过网络经营、建立中央厨房或者从事集体用餐配送的，应当在主体业态后以括号标注。

（2）经营项目分类。食品经营项目分为预包装食品销售（含冷藏冷冻食品、不含冷藏冷冻食品）、散装食品销售（含冷藏冷冻食品、不含冷藏冷冻食品）、特殊食品销售（保健食品、特殊医学用途配方食品、婴幼儿配方乳粉、其他婴幼儿配方食品）、其他类食品销售；热食类食品制售、冷食类食品制售、生食类食品制售、糕点类食品制售、自制饮品制售、其他类食品制售等。如申请散装熟食销售的，应当在散装食品销售项目后以括号标注。

列入其他类食品销售和其他类食品制售的具体品种应当报国家食品药品监督管理总局批准后执行，并明确标注。具有热、冷、生、固态、液态等多种情形，难以明确归类的食品，可以按照食品安全风险等级最高的情形进行归类。

### 3. 申请条件

根据《食品安全法》规定，申请食品经营许可，应当符合图 1-33 所示的条件。

条件一 ▷ 具有与经营的食品品种、数量相适应的食品原料处理和食品加工、销售、储存等场所，保持该场所环境整洁，并与有毒、有害场所以及其他污染源保持规定的距离

条件二 ▷ 具有与经营的食品品种、数量相适应的经营设备或者设施，有相应的消毒、更衣、盥洗、采光、照明、通风、防腐、防尘、防蝇、防鼠、防虫、洗涤以及处理废水、存放垃圾和废弃物的设备或者设施

**图 1-33**

| 条件三 | 有专职或者兼职的食品安全管理人员和保证食品安全的规章制度 |
| --- | --- |
| 条件四 | 具有合理的设备布局和工艺流程，防止待加工食品与直接入口食品、原料与成品交叉污染，避免食品接触有毒物、不洁物 |
| 条件五 | 法律、法规规定的其他条件 |

**图1-33　申请食品经营许可的条件**

#### 4.申请资料

申请食品经营许可，应当向申请人所在地县级以上地方食品药品监督管理部门提交下列材料。

（1）食品经营许可申请书。

（2）营业执照或者其他主体资格证明文件复印件。

（3）与食品经营相适应的主要设备设施布局、操作流程等文件。

（4）食品安全自查、从业人员健康管理、进货查验记录、食品安全事故处置等保证食品安全的规章制度。

**开店秘诀**

申请人应当如实向食品药品监督管理部门提交有关材料和反映真实情况，对申请材料的真实性负责，并在申请书等材料上签名或者盖章。

#### 5.食品经营许可证保管

（1）食品经营者应当妥善保管食品经营许可证，不得伪造、涂改、倒卖、出租、出借、转让。

（2）食品经营者应当在经营场所的显著位置悬挂或者摆放食品经营许可证正本。

#### 6.食品经营许可证变更

（1）食品经营许可证载明的许可事项发生变化的，食品经营者应当在变化后10个工作日内向原发证的食品药品监督管理部门申请变更经营许可。

（2）经营场所发生变化的，应当重新申请食品经营许可。外设仓库地址发生变化的，食品经营者应当在变化后10个工作日内向原发证的食品药品监督管理部门报告。

（3）申请变更食品经营许可的，应当提交下列申请材料，如图1-34所示。

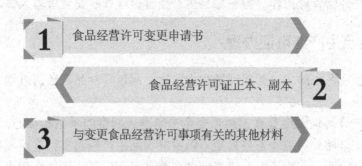

**1** 食品经营许可变更申请书

食品经营许可证正本、副本 **2**

**3** 与变更食品经营许可事项有关的其他材料

图1-34　申请变更食品经营许可应提交的材料

### 7.相关法律责任

（1）未取得食品经营许可从事食品经营活动的，由县级以上地方食品药品监督管理部门依照《食品安全法》第一百二十二条的规定给予处罚。

（2）许可申请人隐瞒真实情况或者提供虚假材料申请食品经营许可的，由县级以上地方食品药品监督管理部门给予警告。申请人在1年内不得再次申请食品经营许可。

（3）被许可人以欺骗、贿赂等不正当手段取得食品经营许可的，由原发证的食品药品监督管理部门撤销许可，并处1万元以上3万元以下罚款。被许可人在3年内不得再次申请食品经营许可。

（4）食品经营者伪造、涂改、倒卖、出租、出借、转让食品经营许可证的，由县级以上地方食品药品监督管理部门责令改正，给予警告，并处1万元以下罚款；情节严重的，处1万元以上3万元以下罚款。

（5）食品经营者未按规定在经营场所的显著位置悬挂或者摆放食品经营许可证的，由县级以上地方食品药品监督管理部门责令改正；拒不改正的，给予警告。

（6）食品经营许可证载明的许可事项发生变化，食品经营者未按规定申请变更经营许可的，由原发证的食品药品监督管理部门责令改正，给予警告；拒不改正的，处2000元以上1万元以下罚款。

（7）食品经营者外设仓库地址发生变化，未按规定报告的，或者食品经营者终止食品经营，食品经营许可被撤回、撤销或者食品经营许可证被吊销，未按规定申请办理注销手续的，由原发证的食品药品监督管理部门责令改正；拒不改正的，给予警告，并处2000元以下罚款。

（8）被吊销经营许可证的食品经营者及其法定代表人、直接负责的主管人员和其他直接责任人员自处罚决定作出之日起5年内不得申请食品生产经营许可，或者从事食品生产经营管理工作、担任食品生产经营企业食品安全管理人员。

### 三、食品生产许可证办理

对于大型社区生鲜店，如果现场制作熟食、面包等食品，还需办理《食品生产许可证》。

食品生产许可证制度是食品质量安全市场准入制度的基础和核心。《中华人民共和国食品安全法》第三十五条规定，国家对食品生产经营实行许可制度，从事食品生产、食品销售、餐饮服务，应当依法取得许可。但是，销售食用农产品，不需要取得许可。未取得《食品生产许可证》的企业不准生产食品。上述的餐饮服务包括正餐服务、快餐服务、饮料和冷饮服务、餐饮配送服务。如图1-35所示。

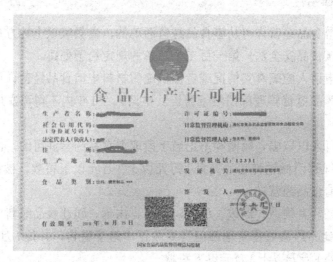

图1-35 《食品生产许可证》式样

#### 1. 申请资格

申请食品生产许可，应当先行取得营业执照等合法主体资格。企业法人、合伙企业、个人独资企业、个体工商户等，以营业执照载明的主体作为申请人。食品生产许可实行"一企一证"，对具有生产场所和设备设施并取得营业执照的一个食品生产者，从事食品生产活动，仅发放一张食品生产许可证。

#### 2. 申请类别

申请食品生产许可，应当按照表1-5所示的食品类别提出。

表1-5　申请食品生产许可证的类别

| 序号 | 类别 | 序号 | 类别 | 序号 | 类别 |
|---|---|---|---|---|---|
| 1 | 粮食加工品 | 12 | 薯类和膨化食品 | 23 | 淀粉及淀粉制品 |
| 2 | 食用油、油脂及其制品 | 13 | 糖果制品 | 24 | 糕点 |
| 3 | 调味品 | 14 | 茶叶及相关制品 | 25 | 豆制品 |
| 4 | 肉制品 | 15 | 酒类 | 26 | 蜂产品 |
| 5 | 乳制品 | 16 | 蔬菜制品 | 27 | 保健食品 |
| 6 | 饮料 | 17 | 水果制品 | 28 | 特殊医学用途配方食品 |
| 7 | 方便食品 | 18 | 炒货食品及坚果制品 | 29 | 婴幼儿配方食品 |
| 8 | 饼干 | 19 | 蛋制品 | 30 | 特殊膳食食品 |
| 9 | 罐头 | 20 | 可可及焙烤咖啡产品 | 31 | 其他食品 |
| 10 | 冷冻饮品 | 21 | 食糖 | | |
| 11 | 速冻食品 | 22 | 水产制品 | | |

### 3. 申请条件

申请食品生产许可，应当符合下列条件。

（1）具有与生产的食品品种、数量相适应的食品原料处理和食品加工、包装、储存等场所，保持该场所环境整洁，并与有毒、有害场所以及其他污染源保持规定的距离。

（2）具有与生产的食品品种、数量相适应的生产设备或者设施，有相应的消毒、更衣、盥洗、采光、照明、通风、防腐、防尘、防蝇、防鼠、防虫、洗涤以及处理废水、存放垃圾和废弃物的设备或者设施；保健食品生产工艺有原料提取、纯化等前处理工序的，需要具备与生产的品种、数量相适应的原料前处理设备或者设施。

（3）有专职或者兼职的食品安全管理人员和保证食品安全的规章制度。

（4）具有合理的设备布局和工艺流程，防止待加工食品与直接入口食品、原料与成品交叉污染，避免食品接触有毒物、不洁物。

（5）法律、法规规定的其他条件。

### 4. 申请资料

申请食品生产许可，应当向申请人所在地县级以上地方食品药品监督管理部门提交图1-36所示的材料。

图1-36 申请食品生产许可证应提供的材料

材料一 食品生产许可申请书

材料二 营业执照复印件

材料三 食品生产加工场所及其周围环境平面图、各功能区间布局平面图、工艺设备布局图和食品生产工艺流程图

材料四 食品生产主要设备、设施清单

材料五 进货查验记录、生产过程控制、出厂检验记录、食品安全自查、从业人员健康管理、不安全食品召回、食品安全事故处置等保证食品安全的规章制度

💡 **开店秘诀**

申请人委托他人办理食品生产许可申请的，代理人应当提交授权委托书以及代理人的身份证明文件。

### 5. 食品生产许可证保管

食品生产者应当妥善保管食品生产许可证，不得伪造、涂改、倒卖、出租、出借、转让。食品生产者应当在生产场所的显著位置悬挂或者摆放食品生产许可证正本。

### 6. 相关法律责任

（1）未取得食品生产许可从事食品生产活动的，由县级以上地方食品药品监督管理部门依照《食品安全法》第一百二十二条的规定给予处罚。

（2）许可申请人隐瞒真实情况或者提供虚假材料申请食品生产许可的，由县级以上地方食品药品监督管理部门给予警告。申请人在1年内不得再次申请食品生产许可。

（3）被许可人以欺骗、贿赂等不正当手段取得食品生产许可的，由原发证的食品药品监督管理部门撤销许可，并处1万元以上3万元以下罚款。被许可人在3年内不得再次申请食品生产许可。

（4）食品生产者伪造、涂改、倒卖、出租、出借、转让食品生产许可证的，由县级以上地方食品药品监督管理部门责令改正，给予警告，并处1万元以下罚款；情节严重的，处1万元以上3万元以下罚款。

（5）食品生产者未按规定在生产场所的显著位置悬挂或者摆放食品生产许可证的，由县级以上地方食品药品监督管理部门责令改正；拒不改正的，给予警告。

（6）食品生产者工艺设备布局和工艺流程、主要生产设备设施、食品类别等事项发生变化，需要变更食品生产许可证载明的许可事项，未按规定申请变更的，由原发证的食品药品监督管理部门责令改正，给予警告；拒不改正的，处2000元以上1万元以下罚款。

（7）食品生产许可证副本载明的同一食品类别内的事项、外设仓库地址发生变化，食品生产者未按规定报告的，或者食品生产者终止食品生产，食品生产许可被撤回、撤销或者食品生产许可证被吊销，未按规定申请办理注销手续的，由原发证的食品药品监督管理部门责令改正；拒不改正的，给予警告，并处2000元以下罚款。

（8）被吊销生产许可证的食品生产者及其法定代表人、直接负责的主管人员和其他直接责任人员自处罚决定作出之日起5年内不得申请食品生产经营许可，或者从事食品生产经营管理工作、担任食品生产经营企业食品安全管理人员。

💡 **开店秘诀**

　　无证无照经营是违法行为，不仅会被强制停止经营活动、没收违法所得再处以罚款，甚至还会被记入信用不良记录并予以公示，影响品牌信誉。

第二章

开业形象塑造

当门店的内外装修工作就绪以后，店主就需要做好开张前的策划工作及同期的业务推广工作，通过新店开业活动迅速提升知名度，给潜在的顾客注入购买欲望，提升门店在顾客心中的定位，为占领市场提供先机。

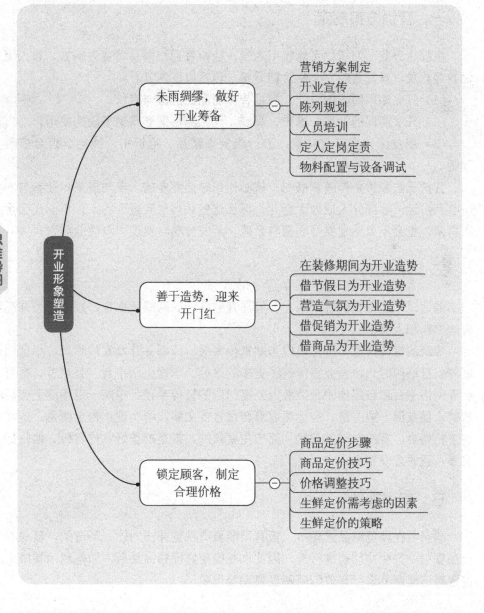

开业形象塑造

未雨绸缪，做好开业筹备
- 营销方案制定
- 开业宣传
- 陈列规划
- 人员培训
- 定人定岗定责
- 物料配置与设备调试

善于造势，迎来开门红
- 在装修期间为开业造势
- 借节假日为开业造势
- 营造气氛为开业造势
- 借促销为开业造势
- 借商品为开业造势

锁定顾客，制定合理价格
- 商品定价步骤
- 商品定价技巧
- 价格调整技巧
- 生鲜定价需考虑的因素
- 生鲜定价的策略

## 第一节 未雨绸缪，做好开业筹备

新店开业，不打无准备之仗！开业活动涉及宣传、营销、商品、人员、设备等方方面面的准备，是一个复杂且烦琐的过程。做好这些准备工作，能让我们有条不紊地打开大门，迎接涌动的人潮，创造销售佳绩。

### 一、营销方案制定

生鲜店开业，为了尽可能吸引人气，让游客通过消费转变为顾客，将人流量转化为客流量，就需要制定一套营销方案，包括以下内容。

（1）开业期间海报的设计，海报特价商品的选择与定价。

（2）开业期间的抽奖、满赠、满减、代金券等配套营销手段的使用。

（3）朋友圈分享宣传文案，进行集赞赢赠品、抢折扣、抽免单机会等裂变式营销。

营销玩法多种多样随意搭配，核心作用是让更多的人参与进来，让参与的人有所收获，让一小部分人成为幸运儿，那么这些获得"实惠"的人，自然还会想着下次再来，也会不自觉地将好心情与亲戚、朋友分享，实现"口碑效应"。

### 二、开业宣传

俗话说，酒香也怕巷子深。一般在开业前一到两周就要定好宣传计划并配置相应的物料和人员。

传统的宣传渠道，有在门口张贴宣传海报、印制并分发宣传彩页、小区门口摆展等。互联网时代，开业宣传有了更多的途径。本地生活平台、公众号、抖音、微博等网络平台和自媒体平台能极大拓宽门店的宣传半径，也能一定程度上实现精准营销；朋友圈、业主群、自建顾客群转发宣传文案，能实现广告全覆盖。这样线上线下相结合，客流自然就有了，而店主要做的，就是准备好宣传资料、编辑好宣传文案，适时分发出去。

### 三、陈列规划

消费者在浏览商品过程中，极有可能被有视觉冲击力的、新奇的、最先看到的商品吸引，产生冲动购物行为。因此，在确定好促销商品后，如何利用有限的陈列位置对这些商品进行有效陈列就显得尤为重要。

### 1. 区分货架的阳面和阴面陈列

顾客在店里购物的主要行进路线称之为动线，靠动线两侧的货架就是店面的黄金陈列位置（阳面），用于陈列应季品类、常规高毛利品类，背离动线的货架陈列面（阴面），主要用于陈列冷门、小众、低毛利、配品项的商品。

### 2. 利用好端头位置

每组货架两端的端头位置，是货架的突出点，更容易被视线捕获。端头货架数量有限陈列面积大，适合少数单品大量陈列，一般用于门店的爆款商品或者季节性商品，高单价、高毛利、高销量是端头商品的选品原则。

### 3. 能摆外场就摆外场

门店内部寸土寸金，在不影响顾客体验的前提下，扩大有效经营面积是求之不得的好事。因此，摆外场是一定要争取的。新店开业，店主可以向当地城市管理部门提交占道经营申请，在不影响交通的情况下划定一片门口区域用于商品外摆，能够有效扩大门店经营面积，甚至形成一个临时街市，宣传引流效果成倍提升。

**开店秘诀**

要记住核心是在内场，外场要有为内场引流的作用，因此外场选品不能让顾客一站式购齐，否则就达不到为内场引流的作用，而成了对内场的截流。

## 四、人员培训

员工作为门店的日常经营者，其专业能力和职业素养高低决定了顾客体验的好坏，而新招募的员工，往往并不完全具备新岗位要求的能力和素养，这就需要我们对员工进行培训。

员工培训的内容，一般围绕企业文化、业务技能、服务意识等方面进行，培训可以采用内部授课、外聘讲师、外送学习等方式。新店开业前，员工一定要进行一周左右的岗前实训，熟悉陈列方法、服务流程、蔬果分切方法、售卖技巧、卖场标准等，以适应工作节奏，避免开业时因为业务技能不熟练导致出错，影响顾客购物体验。

## 五、定人定岗定责

开业活动会导致人流量暴增，商品货量和经营面积也比平时要大得多，为保证开业活动顺利进行，进行定人定岗、分区负责就显得尤为重要。

称重结算线、陈列补货线、安保防损线、外场经营线等业务线都需要配置足够的人员，并安排一定的补缺、轮换人员。店主应事先统计出一份开业工作人员名单，包含本店人员和临时支援人员；将外场和内场按业务线或区域划分成不同岗位；将全天营业时间划分成几个时段，然后对每一个岗位在每一个营业时段匹配对应的人员，确保每个岗位、每个区域在每个营业时段都有明确的人负责。人员、岗位配置完成后，做成表格提前分发给对应的人员，要求所有人熟悉自己的责任区、工作职责和工作时间，对号入座。

💡 **开店秘诀**

开业人流量分时段具有明显的高低峰，早晚高峰人流量集中，饭点和午后低峰客流分散，工作人员配置应集中应对高峰期，低峰时段适当安排休息，避免人力资源浪费。

## 六、物料配置与设备调试

### 1. 物料准备

各区域放置好合适的购物袋、毛巾扫帚等清洁设备、剪刀水果刀等分切工具、门口的购物篮、外场陈列道具、收银机零钞备用金、额温枪酒精等防疫设备、备用热敏收银纸、备用电子秤价签纸、外场收款码等。

### 2. 设备调试检测

水产区温控系统、循环系统测试；猪肉风幕柜效果检查；消防栓、灭火器状态检查；收银机测试；电子秤测试及价格核对；网络设备检测；电路满负荷测试；射灯角度调试；监控系统调试及盲区检测；安全隐患排查等。

## 第二节 善于造势，迎来开门红

每一家店铺开业，都充满期待，希望有个"开门红"。要善于利用现有条件为开业造势，明确了这一点，就会以最低的成本获得最好的效果。

### 一、在装修期间为开业造势

很多店铺在装修期间的促销是一片空白。短则几天长则月余的装修期，店门口人来人往，白白浪费了这个宣传时机。

### 1. 喷绘广告

可以做一个显眼的、临时性的喷绘广告，花费不是很多，广告内容可以是对即将开业的店铺进行品牌形象的宣传，也可以是开业促销措施。

### 2. 条幅

拉一个条幅，上面写着"距××店开业还有××天"，这样可以使顾客产生期待或好奇，为店铺开业造势。

### 3. 招聘广告

制作并张贴精美的招聘广告也是宣传店铺的好办法。开店必然要招聘相关人员，精美的招聘广告可以招来应聘者，同时也是对店铺的一种宣传。店主只需要简单地写上"招聘"二字和几句招聘要求就可以吸引很多目光。

## 二、借节假日为开业造势

一般店铺选在节假日开业是比较好的，因为节假日是大部分人最有时间、最有心情购物的时候，是人流量最大的时候。顾客是有从众心理的，喜欢热闹的、人多的地方。

## 三、营造气氛为开业造势

店铺开业时一定要营造出开业的气氛，让顾客知道你的店铺是新开业的，让他们关注你的店铺。

（1）店铺开业前要尽量买些花篮摆在门口，营造出开业的气氛。

（2）如果条件允许，可以设置一个充气拱门。

（3）店铺开业时要放一些有动感的音乐，可以掩盖人们的嘈杂声，同时也会增加顾客的安全感。

## 四、借促销为开业造势

店铺开业一定要借促销来造势。促销活动可以是部分商品打折销售，也可以是送赠品，还可以是免费办理会员卡等。

为了增加促销活动的宣传效果，可以以贴海报、在店门口向行人发传单等方式吸引过往行人，使潜在消费者成为店铺的顾客。

**相关链接**

### ××生鲜店开业营销招数

**营销第一招：鸡蛋限量抢购。**

鸡蛋作为生活刚需，每家必备。

鸡蛋作为引流突破口，开业第一天，鸡蛋7.9元/30个，以亏本价格售卖，不到正式营业时间，店门口就排起了长队，20分钟活动库存售完。

然而有不少顾客因为只买鸡蛋，达不到目标效果，在第二天，针对此现象做了活动调整，办会员，充值100元就可以免费领30个鸡蛋，同时也吸引不少用户办理会员卡。

**营销第二招：爆款商品折扣特价。**

双汇冷鲜肉全场8.8折，刺激80%的进店顾客消费。哈密瓜、红心火龙果、麒麟瓜、冷饮酸奶等多种夏季时令商品，大幅特价，也吸引大量新客到店选购。

**营销第三招：送开业红包。**

门店上线小程序商城，顾客扫码进入小程序，就可以领取20元的开业优惠券，看似简单，其实这也为之后的线上引流拓宽了渠道，开启上门配送服务，以促销活动吸引线上流量进店，提升顾客的消费体验，强化客户黏性。

**营销第四招：免费领福利引导进群。**

开业期间，扫码进群的顾客可免费领取青菜一把或苹果一个，三天吸引了400多人进群。在后期的经营中，社群管理员会发布新鲜蔬菜到货、新品采购、预定、特价等信息，同样也可以结合小程序的玩法，如拼团、秒杀等，来盘活粉丝，刺激下单。

**营销第五招：积累会员，增强黏性。**

开业活动三天，生鲜店发起办理"会员储值送好礼"活动。

（1）充值100元，免费领取30个鸡蛋。

（2）充值200元，首单立减30元，并送××景区门票3张。

（3）充值500元，全场立减30元，送5L金龙鱼调和油、××景区门票4张。

（4）充值1000元，送100元现金到储值卡、5L金龙鱼调和油、××景区门票4张。

活动下来，吸引办卡会员458人，会员储值近9万，其中1000元储值占比

6.7%；500元储值占比5.2%；200元储值占比45%；100元储值占比43.1%。

在后期的会员营销中，会员用户可以享受会员折扣价，也可以制定会员日活动，以此来留存用户，提高续费率。

营销第六招：抽取幸运大奖。

顾客消费满38元，收银会告诉顾客，凭购物小票就可以参与抽奖一次，引导顾客到会员办卡处参与抽奖，这也进一步引导顾客充值成为会员，享受优惠。

## 五、借商品为开业造势

店铺开业后，很多顾客第一次进店时都抱着"随便看看"的想法，店主要做的是让顾客进店后就想买东西，并且成为长久顾客。因为顾客有了一次在店中购物的经历后，下次再来就会有熟悉的感觉，心情就会放松。

准备一些物美价廉，人人都可以购买，多一个不多、少一个不少的商品是非常有必要的。

比如，门店开业时可以在货架上摆放食盐、鸡蛋、洗衣粉、食用油等商品，并进行突出陈列。因为大部分目标顾客都需要这些商品，顾客来到店里后发现这些商品比较实惠，就会产生购买的冲动。只要选购这些商品的顾客多了，店铺就会显得很有人气。

当顾客选购了第一件商品后，会大大增加购买其他商品的欲望，结果有可能到门店只是为了买一袋牛奶，最后却买了一大堆东西回家。

## 第三节 锁定顾客，制定合理价格

### 一、商品定价步骤

要控制商品的价格，首先需要掌握商品的定价步骤，具体如图2-1所示。

图2-1　商品定价步骤

## 1. 选定价格目标

在选定价格目标时，需要遵循如表2-1所示的原则。

表2-1 选定价格目标原则

| 序号 | 原则 | 具体内容 |
|---|---|---|
| 1 | 生存 | 为维持生存，必须制定一个较低的价格，能弥补可变成本和一部分固定成本的价格就是可接受的价格，这一价格可能会小于完全成本，但必须大于变动成本 |
| 2 | 短期利润最大化 | 在估计需求和成本的基础上，制定一个能使短期利润最大化的价格：先估算需求量，乘以价格就得到总收入，同时通过成本估计得出总成本；对总收入和总成本的计算式分别列出，即可得到边际收益和边际成本，当边际收益等于边际成本时，总利润最大 |
| 3 | 追求市场份额 | 为了赢得最大的市场份额，进而实现最低的成本和最高的长期利润，门店必须制定一个尽可能低的价格，并相应确立市场份额增加的目标 |
| 4 | 树立产品质量 | 以树立产品质量领先地位或特定的企业形象为目标，一般应制定一个比较高的价格，但高价必须符合"物有所值"的原则 |

门店在为商品定价时，一定要有价格目标，碰到竞争或消费者无法认同这个加价率而必须削价时，可以想办法提高其他敏感度较低的商品的售价或降低进价，以弥补损失。

## 2. 确定需求

需求是指需求量与价格之间的关系，影响需求的因素如消费者偏好、消费者的个人收入、广告费、消费者对价格变化的期望以及相关商品的价格等。测定需求的基本方法是对商品实施不同的价格，观察其销售结果。

## 3. 估算成本

在估算成本时，历史成本可以作为基本的依据，同时要注意：在不同的经营规模下，平均成本会发生变化；市场资源条件的变化会影响到经营成本；经营管理越成熟，在其他条件不变的情况下，平均成本会下降。

## 4. 分析竞争对手的价格行为

分析竞争对手的价格行为主要是了解竞争对手的价格和商品质量。如果所提供的商品或服务的质量与竞争对手相似，那么所制定的价格也必须与之接近，否则就会失去市场份额；如果商品或服务的质量高于竞争对手，则定价就可以高于竞争对手；如果商品或服务的质量不如竞争对手，就不能制定高于竞争对手的价格。

### 5.选定最终价格

通过各种方法所制定的价格还不是最终价格，在选定最终价格时，还必须考虑如图2-2所示的因素。

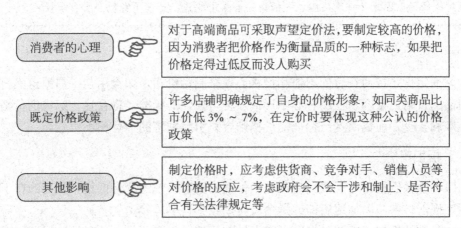

| 消费者的心理 | ☞ | 对于高端商品可采取声望定价法,要制定较高的价格,因为消费者把价格作为衡量品质的一种标志,如果把价格定得过低反而没人购买 |
| 既定价格政策 | ☞ | 许多店铺明确规定了自身的价格形象,如同类商品比市价低 3% ~ 7%,在定价时要体现这种公认的价格政策 |
| 其他影响 | ☞ | 制定价格时,应考虑供货商、竞争对手、销售人员等对价格的反应,考虑政府会不会干涉和制止、是否符合有关法律规定等 |

**图2-2　选定最终价格考虑因素**

## 二、商品定价技巧

商品的定价是有一定的技巧的，店主可以将各种技巧综合运用，最终达到吸引顾客购买的目的。

### 1.尾数定价

保留价格尾数，采用零头定价。如价格为19.9元而不是20元，使价格保留在较低一级的档次上。这种定价方式一方面给人以便宜感，另一方面又因标价精确而给人以信赖感。

### 2.整数定价

整数定价一律不保留零头。这一定价技巧适用于贵重商品、礼品及能够显示消费者身份地位的显露性消费品，目标顾客是经济地位优越和社会地位较高者。

### 3.声望定价

这种定价策略有利于树立门店形象，提高商品的市场地位，增加盈利，但不能吸引广大消费者购买，难以销售大量的商品。声望定价的适用范围是在信誉较好的门店，销售有质量保证的商品，目标消费者是社会上层购买者。

**开店秘诀**

采用声望定价法必须慎重，声望定价主要用于高端消费阶层，其商品质量必须有绝对的保证。因此，一般门店、一般商品若滥用此法，处理不好便会失去市场。

### 4. 习惯定价

习惯定价是按消费者的习惯和价格心理来制定价格，如食用盐、白醋这类日常消费品的价格通常容易在顾客心中形成一种习惯性的标准，符合这一标准的价格就会被顺利接受，而偏离这一标准的价格则容易引起顾客的猜疑和不信任。

### 5. 折扣定价

（1）现金折扣。对现款交易或按期付款的顾客给予的价格折扣，其目的在于鼓励顾客提前付款，以加速店铺的资金周转，减少利率风险。

（2）数量折扣。店铺为鼓励顾客大量购买或集中购买某一种商品，根据购买数量给予不同的价格折扣。

（3）季节折扣。对过季商品的购买者分别实行现金折扣和数量折扣。

（4）同业折扣。一般做法是先定好零售价格，然后按不同的比例对不同的中间商倒算折扣率；也可先定好商品的出厂价，然后按不同的差价率按顺序相加，依次制定各种批发价和零售价。一般来说，中间环节越多，折扣率也就越大。

（5）推广折扣。中间商在进行广告宣传、布置橱窗、展销等推广工作时，对其给予一定的价格折扣，又叫让价。

### 6. 招徕定价

（1）将少数几种本小利薄的商品低价出售，吸引消费者经常光顾。

（2）将相互有补充关系的商品区别定价，有意识地把主要的耐用商品的价格定得低些，把从属性的、消耗大的商品的价格定得高一些。

（3）把店铺里销售的商品按不同的原则定价，有些商品价格调高，有些商品价格调低，以便招徕顾客。

（4）高价引客。既然招徕定价是针对消费者对不同商品的消费心理及不同消费者的消费特点而采取的一种灵活的定价方式，所以招徕并非一定是超低价，有时超高价也能很好地引起消费者的注意。

## 7.底价

运用"底价"来吸引具有类似价格偏好的某个细分市场的消费者，即在选定价格范围后，再在这个范围内设定数量有限的若干价格点。

## 三、价格调整技巧

### 1.价格调整原因

价格调整的原因如表2-2所示。

表2-2 价格调整原因

| 序号 | 原因 | 具体内容 | 备注 |
|------|------|----------|------|
| 1 | 采购商品的差错 | 采购上的差错表现在采购的商品发生差错或采购的商品数量过多 | 不管什么原因造成的差错，其结果均是要降价销售 |
| 2 | 制定价格上的差错 | 由于商品售价太高，影响到预期的商品周转速度和销售数量 | |
| 3 | 促销上的差错 | （1）顾客不能得到或不能及时得到有关商品的信息<br>（2）广告活动、销售活动未能取得预期效果<br>（3）店内商品陈列太不醒目或过于零星、分散，不能引起潜在顾客的强烈反响 | 为适应市场竞争、季节性和顾客对商品式样的偏好等可变因素，很有必要进行价格调整 |

### 2.降价控制技巧

价格调整有两种形式：提价或降价。提价是在原有价格上追加零售价格，这是在需求出乎意料的好或成本上升时运用的。但是，最常用的价格调整方式是降价。

降价控制技巧有以下4点。

（1）确定商品的降价幅度时，应以商品的需求弹性为依据。需求弹性大的商品只要有较小的降价幅度就可以使商品销量大增；需求弹性小的商品则需要较大的调价幅度才会扩大销售量。

（2）由于需求弹性小的商品降价可能会引起销售收入和销售利润的减少，所以调整价格时要慎重。

（3）调价时，应考虑的最重要的因素还是消费者的反应。因为调整商品的价格是为了促使消费者购买商品，只有根据消费者的反应调价才能收到好的效果。

（4）实施降价控制时，必须对降价做出估计并修改最近各期的进货计划，以反映每次实行降价的效果。实施降价控制使管理人员能对各项政策的执行情况进行检查，如检查商品的储备方式、检查最近的新商品验收情况等。

### 3. 选择降价时机

降价时机的选择是非常重要的。在很多情况下，某种商品必须降价，但是作出决定却关系重大，要考虑时机的选择，考虑如何迅速地贯彻执行。选择降价的时机，具体如表2-3所示。

表2-3　选择降价的时机

| 序号 | 时机 | 具体内容 |
| --- | --- | --- |
| 1 | 早降价 | 有较高存货周转率的店铺一般都会采用早降价策略，这样可以在还有一定市场需求的情况下顺利地将商品售出；与在销路好的季节后期降价相比较，实行早降价的策略只需要较小的降价幅度就可以把商品售出；早降价可以为新商品腾出销售空间，可以改善现金流动状况 |
| 2 | 迟降价 | 季节性商品在季末的时候打折出售虽然会亏本，但收回的货款可以投资到其他商品上，再创销售机会，比商品积压要好得多 |
| 3 | 交错降价 | 交错降价就是在销路好的整个季节期间将价格逐步降低，这种方式往往和"自动降价计划"结合运用，在自动降价计划中，降价的幅度和时机选择是由商品库存时间的长短所制约的 |
| 4 | 全店出清存货 | 全店出清存货是定期降价的一种方式，通常一年进行两三次，这种策略可避免频繁降价对商品正常销售的干扰，其目的是在实时盘存和下一季节开始之前把商品清出 |

## 四、生鲜定价需考虑的因素

对于生鲜商品来说，定价时要考虑的因素如图2-3所示。

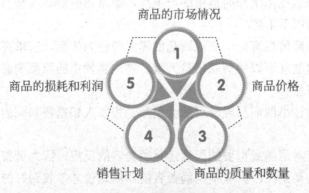

图2-3　定价需考虑的因素

## 1. 商品的市场情况

商品的市场情况包含了竞争对手的定价策略、商品的市场行情与价格走势、季节性商品。这就需要店主在定价前进行市场调研，了解商品的行情。

## 2. 商品价格

商品价格因素中，店主需要考虑的是周边市场和竞争对手的定价，及时关注商品前一日进价与当天进价的区别，以及商品是否属于敏感性商品。

## 3. 商品的质量和数量

这一点上，店主需要考虑的因素包含了商品当日质量、到货量与前一日的区别；商品昨日销量和目前库存也是当日定价的参考内容，另外还要参考商品的储存期长短，这决定了商品的损耗。

## 4. 销售计划

销售计划包括当日促销品规划和销售方式。

（1）当日促销品规划上，保证每组促销商品价格力度均匀，促销商品的陈列位置和占比大小也会对价格制定产生影响。

（2）销售方式上，散装、抓卖、包装商品的价格制定需要做出区分，同类商品也要分等级定价。

## 5. 商品的损耗和利润

利润和损耗如其名，店主需要考虑的是生鲜商品应有的毛利率指标，定价时不能有太大的差池，还需要提前预测的是生鲜商品的损耗率，在定价前将损耗部分考虑在价格制定中。

如表2-4所示的是某生鲜店预设的综合毛利率。店主可结合市场情况，对毛利率进行上下调整。

表2-4　生鲜商品综合毛利率

| 柜组名称 | 肉类 | 水果 | 蔬菜 | 河鲜 | 海鲜 | 冰鲜 | 干货 | 贝类 | 家禽 | 蛋类 | 大米 | 综合毛利率 |
|---|---|---|---|---|---|---|---|---|---|---|---|---|
| 参照毛利率 | 10% | 13% | 18% | 11% | 11% | 13% | 20% | 15% | 15% | 6% | 6% | 14.5% |

## 五、生鲜定价的策略

### 1. 常规商品

常规商品的定价策略如表2-5所示。

表2-5　常规商品的定价策略

| 序号 | 质量变化 | 进价变化 | 进货量 | 定价策略 | 目的 |
|---|---|---|---|---|---|
| 1 | 差 | 一样 | 正常 | 适当定低 | 确保及时售出 |
| 2 | 差 | 更高 | 正常 | 定低，甚至放弃毛利 | 尽快抛出 |
| 3 | 更好 | 一样 | 不多 | 略高于前日 | 提高利润 |
| 4 | 更好 | 一样 | 很多 | 与前日一样，甚至略低 | 促销 |
| 5 | 一样或更好 | 更高 | 正常 | 可考虑适当涨价（不可与进价同步涨），也可考虑不涨价保持前日售价，看生鲜店是否处在聚拢人气阶段 | 保证合理毛利或增加人气 |
| 6 | 同一批商品规格或质量不一样 | 一样 | 正常 | 进行分级销售：规格大、质量好的价格可以定高些；规格小、质量差的价格可定低些 | 确保此批商品整体利润达到最佳 |

### 2. 一般促销

一般促销商品定价，可采取图2-4所示的定价策略。

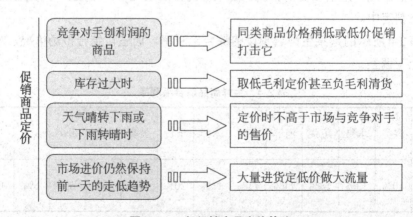

图2-4　一般促销商品定价策略

### 3. 季节性促销

对于敏感性和季节性商品，可采取如图 2-5 所示的定价策略。

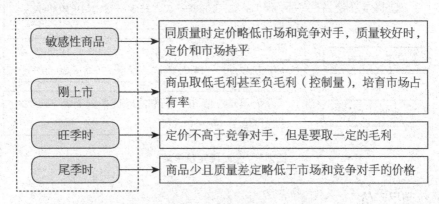

图 2-5　敏感性和季节性商品定价策略

### 4. 节假日促销

节假日商品定价的核心是必须能走量的基础上取利，一切促销的商品都遵循这个原则。具体来说，节假日促销的定价策略如图 2-6 所示。

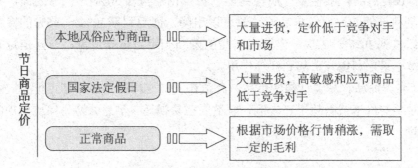

图 2-6　节假日促销的定价策略

### 5. 分时段定价

有很多生鲜店早上、中午、晚上每个时间段的价格是不一样的，早上商品的价格是最高的，一天中最新鲜的产品都在早上，所以在早上的价格相对高。但是到了中午，产品的价格就会相对降低，一天最好的人流量早上已经过了，中午开始刺激消费者消费，开始降价，到了晚上是一天中价格最低的时刻了。早上到中午，一天的成本和利润都赚了，晚上就要开始清理今天的货，避免明天烂掉，造成损失，所以生鲜店的价格不能固定不变，可根据不同时刻适当调整价格。

生鲜店可采取以下3种不同时间段的定价方式，如图2-7所示。

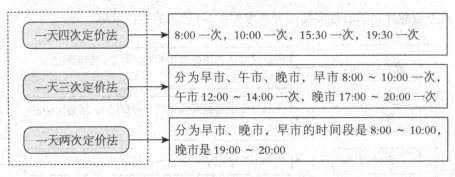

**图2-7　分时段定价策略**

## 6. 分商品定价

可将门店的商品分为A、B、C三类，并据此来定价。

（1）A类商品。通常是指敏感商品、季节性较强的商品，占部门总流量50%左右，也就是门店的一线品牌，在定价时原则上不高于竞争对手（竞争对手做超低促销时除外）。

（2）B类商品。中性及一般性商品，占部门总流量50%～90%之间，在定价上保持毛利足够就行，做单品营销时可以略降，即毛利率30%～35%的商品做营销时可以放到20%～25%，但此类商品的陈列一定是最佳位置，一旦走量它就能拉动整体柜组毛利提升，起到杠杆作用。

（3）C类商品。品类结构性单品，流量在10%之内的单品。在定价上，可以贴近竞争对手的价格或略超于它，但一般不要在易损耗、不易保鲜、保质期短的商品上来理解。

### 开店秘诀

门店卖特价商品，并不是为了盈利，而是在靠低价吸引顾客，大部分顾客在购买特价商品的同时，都会买一些别的东西，而这就是门店的利润点。

第三章

商品品质管控

导言

思维导图

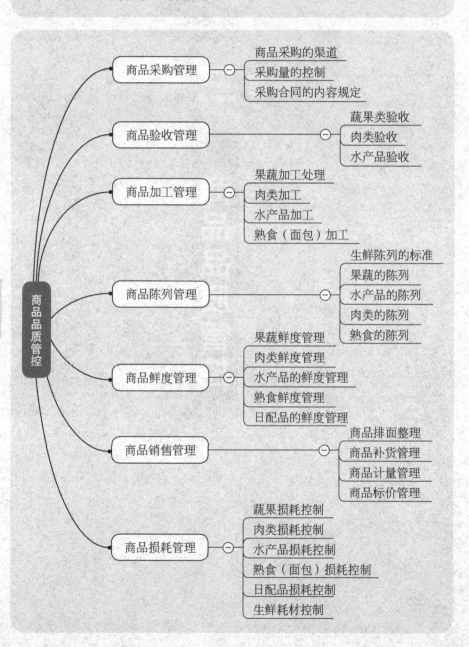

商品品质管控

商品采购管理
- 商品采购的渠道
- 采购量的控制
- 采购合同的内容规定

商品验收管理
- 蔬果类验收
- 肉类验收
- 水产品验收

商品加工管理
- 果蔬加工处理
- 肉类加工
- 水产品加工
- 熟食（面包）加工

商品陈列管理
- 生鲜陈列的标准
- 果蔬的陈列
- 水产品的陈列
- 肉类的陈列
- 熟食的陈列

商品鲜度管理
- 果蔬鲜度管理
- 肉类鲜度管理
- 水产品的鲜度管理
- 熟食鲜度管理
- 日配品的鲜度管理

商品销售管理
- 商品排面整理
- 商品补货管理
- 商品计量管理
- 商品标价管理

商品损耗管理
- 蔬果损耗控制
- 肉类损耗控制
- 水产品损耗控制
- 熟食（面包）损耗控制
- 日配品损耗控制
- 生鲜耗材控制

## 第一节　商品采购管理

采购是生鲜店进行商品销售、物流配送和实现盈利的前提。采购数量不当、商品品质参差不齐、成本价格过高都会阻碍商品的正常销售。因此，生鲜店离不开科学的采购管理。

### 一、商品采购的渠道

生鲜商品与一般商品不同的地方是进价弹性大，它受到季节、气候、气温、节气、节假日、媒体报道、病虫害、市场供需、规格、等级、质量、数量等的因素影响而起伏变化，甚至于在批发市场，一日之内就能产生数种价格。如何压低进价？对于生鲜而言，供应链的选择占有绝对关键性的因素。目前，生鲜店商品的采购主要有图3-1所示的3种主要模式作为进货渠道。

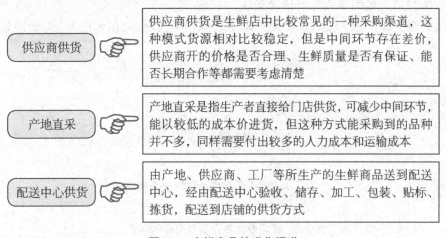

图3-1　生鲜商品的进货渠道

### 二、采购量的控制

生鲜商品按其保质期的长短可分为两类：一类是保质期较长的，可压库的商品，如冷冻食品；另一类是保质期较短，不能压库产品，需当日购进当日销售，如各种鲜活食品。对待上述两类产品，在采购量的控制上应采取不同的方式。

1. 可压库商品采购量的控制

这类商品采购量的控制，关键在于最小库存量和最大库存量的确定。

（1）最小库存量。可根据电脑资料中滚动的 $N$ 天的销售量计算出某一商品的日平均销售量，再根据商品到货和加工配送的周期来确定最小的压库天数。如果一张订单发下去，3天内能到货，再加上加工配送的时间2天，则压库时间为5天。其计算公式为：

最小库存量＝某类商品日平均销售量×（厂家将商品送达配送中心的天数

+配送中心进行加工的天数+配送中心将货送达门店的天数+

卖场中陈列量可销售的天数）

对一些没有组建配送中心的连锁企业，其计算公式为：

最小库存量＝某类商品的日平均销售量×（厂家将商品送达门店的天数+

门店进行商品加工的天数+卖场中陈列量可销售的天数）

这是最小库存商品量，如果实际库存低于这个数，可能会造成商品脱销。实际中可在计算机管理软件开发时，在程序中设置预警措施，一旦实际库存量临近或低于最低库存量，电脑系统进行预警报告。

（2）最大库存量。最大库存量的确定要综合考虑图3-2所示的3个方面因素。

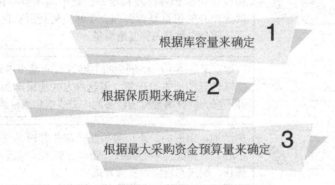

根据库容量来确定　1

根据保质期来确定　2

根据最大采购资金预算量来确定　3

图3-2　确定最大库存量要考虑的因素

图示说明如下。

——根据库容量来确定。根据当前保鲜设备的容量来计算库存量，如果一个冷库可存放10吨食品，分摊给每种食品的库存容量是多少即可算出，这就是最大库存量。

——根据保质期来确定。其计算公式为：最大库存量＝（保质期－厂家将商品送达门店天数－门店进行加工的天数）×日平均销售量。

——根据最大采购资金预算量来确定。其计算公式为：最大库存量＝预算资金÷

商品单价。在最小库存和最大库存之间，门店可根据厂家发货的批量大小以及相应的价格折扣、运输费用来确定一个合理的量值作为每次采购的批量值。

### 2.鲜活食品的采购控制

鲜活食品不能压库，没有最大最小库存量的限制，必须力争当天购进当天售出。其理论采购量等于日平均销售量，但是实际运作中可能会有一些商品无法当日全部售出，因此，计算公式为：

$$采购量＝某日销售预测值－前日商品库存值$$

鲜活食品一般采用签订永续订单的形式，签订一份合同，可以分多次交货。对于由总部（或配送中心）集中进货的，总部有了永续订单后，门店可以根据这张订单来填补补货申请单，并实时传到总部，总部经过审核后，将各个门店所需的鲜活食品的品种、数量汇总，然后发送给各个供应商。对于由门店自行订货的，程序也大致相同，则由门店直接向供应商订货，只是中间少了一道总部汇总审核的环节。

## 三、采购合同的内容规定

生鲜商品采购合同内容除了商品的品种、数量外，还应对图3-3所示的问题进行规定。

**图3-3　生鲜商品采购合同的内容规定**

### 1.配送问题的规定

生鲜商品主要是供给日常生活所需，要求商品周转很快，此时如欲保证充分供应，就必须依靠供应商准时配送商品。因此，通常在采购时，对图3-4所示的问题及付款和退货问题就要和供应商在合同中予以规定，并要清楚规定供应商若违反了规定必须承担的责任。

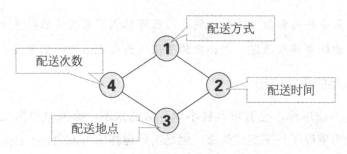

图3-4　相关配送问题的规定

### 2. 缺货问题的规定

对于厂商的供货，若出现缺货的现象，必然会影响生意。因此应规定一个比例，要求供应商缺货时应承担的责任，以保证供应商能准时供货。

比如，容许供应商的欠品率为3%，超过3%时，每月要付1万元罚金等。

### 3. 商品品质的规定

进行商品采购时，采购人员应了解商品的成分及品质等是否符合政府卫生部门或工商行政等部门的规定。但因为采购人员的能力并不足以判断各种商品的成分，因此在采购时，必须要求供应商在合同中做出保证符合政府法律规定的承诺，并提供政府核发合法营业的证明，以确保在商品销售中不会出现问题。

### 4. 价格变动的规定

生鲜商品价格变动较大，在鲜活食品签订永续订单时，要对未来价格变动的处理做出规定，如在价格上涨时，要在调整生效前通知门店并经门店同意方为有效等。

### 5. 付款的规定

采购时，支付货款的日期是一种采购条件，在合同中须对付款方式有所规定。

比如，对账日定在每月的哪一天、付款日定在哪一天、付款时是以人员领款方式还是转账方式等均要有准则，并请供应商遵守。

### 6. 退货的规定

门店最感头痛的问题便是退货，供应商送货很快，但退货却不积极。但若不退货，门店的利益就会受损，因此必须制定退货规定。

比如，规定出现哪几种情况下可退货、费用如何分摊等。

**商品验收管理**

经营生鲜食品最重要的是品质，生鲜店的经营业务是围绕着这个核心而展开的，因而商品的品质检验也就成为生鲜店工作的一项重要任务。

## 一、蔬果类验收

### 1.叶菜类蔬菜

叶菜类蔬菜应色泽鲜亮，切口不变色，叶片挺而不枯黄，无腐叶；质地脆嫩、坚挺；球形叶菜结实、无老帮。叶菜类的代表有大白菜、小白菜、菠菜等，其验收标准如表3-1所示。

表3-1　叶菜类验收标准（以大白菜等为例）

| 品名 | 优质质量形态 | 劣质质量形态 |
| --- | --- | --- |
| 小白菜 | 梗白色、较嫩较短，叶子淡绿色，整棵菜水分充足，无根 | 有黄叶、枯萎、虫蛀洞或小虫，腐烂、压伤，散水太多 |
| 大白菜 | 坚实、无虫、无病、不冻、无损伤，不崩裂、不浸水，不带老帮散叶 | 老帮散叶、枯萎、虫蛀洞或小虫，压伤，散水太多，削后根太长 |
| 菠菜 | 鲜嫩、叶肥、无虫、无病、无黄叶，无泥土、不浸水，切根后根长不超过半寸 | 有黄叶、枯萎、虫蛀洞或小虫，腐烂、压伤，散水多，切后根太长 |

### 2. 根茎类蔬菜

对于根茎类蔬菜基本要求为茎部不老化，个体均匀；未发芽、变色。根茎类蔬菜包括白萝卜、红薯、莲藕等，其验收标准如表3-2所示。

表3-2　根茎类验收标准（以萝卜等为例）

| 品名 | 优质质量形态 | 劣质质量形态 |
| --- | --- | --- |
| 白萝卜 | 颜色为洁白光亮，表面光滑、细腻，形体完整、分量重，底部切面洁白，水分大，肉嫩脆、味甜适中 | 糠心、花心、灰心、断裂、压伤、虫洞、毛根、糙皮，泥土多，表面有黄斑或褐斑 |
| 红薯 | 颜色粉红或淡黄色，依品种而定个大形正、大小整齐，表皮无伤，体硬不软、饱满 | 腐烂、破皮、坑眼多、畸形、泥土多、发软等 |
| 莲藕 | 表皮颜色白中微黄，藕节肥大、无叉，水分充足，肉洁白、脆嫩，藕节一般为3～4节 | 有外伤、断裂、褐色斑，干萎，颜色发黄 |

### 3. 瓜果类蔬菜

瓜果类蔬菜允许果形有轻微缺点，但不得变形、过熟；表皮不能有严重碰伤、腐坏、变色、虫洞；番茄应注意因相互挤压表皮破洞。瓜果类蔬菜包括黄瓜、南瓜、西葫芦、冬瓜、苦瓜、丝瓜、茄子、辣椒、番茄、百合等，其验收标准如表3-3所示。

表3-3　瓜果类蔬菜验收标准

| 品名 | 优质质量形态 | 劣质质量形态 |
| --- | --- | --- |
| 黄瓜 | 颜色青绿，瓜身细短、条直均匀，瓜把小，顶花带刺，有白霜或光泽，肉脆甜、瓢小子少 | 颜色黄，皮皱，有大肚或瘦尖、弯曲，有压伤、腐烂、断裂，肉白或有空心 |
| 冬瓜 | 皮青翠、有白霜，肉洁白、厚嫩、紧密，膛小，有一定硬度 | 压伤、烂斑、较软，肉有空隙、水分少、发糠 |
| 丝瓜 | 有棱和无棱两种，皮颜色翠绿、薄嫩、有白霜，条直均匀、细长挺直，易断无弹性，肉洁白软嫩、子小 | 颜色泛黄、皮粗糙，弯曲、不均，伤疤、烂斑、黄斑，较软有弹性，肉松软或空 |
| 苦瓜 | 颜色淡绿色有光泽，凸处明显，条直均匀，有一定硬度，瓢黄白，子小，味苦 | 腐烂、压伤、刀伤、磨损，有虫洞、斑点，颜色发黄甚至发红，瓜身软 |
| 毛瓜 | 颜色翠绿、有光泽，有细绒毛，皮薄嫩，肉洁白、子小，形正，有一定硬度 | 压伤、烂斑、凹瘪、黄斑，瓜身软，绒毛倒伏 |
| 南瓜 | 颜色金黄色或橙红色，瓜形周正，肉金黄、紧密、粉甜，表面硬实 | 斑疤、破裂、虫洞、烂斑、软烂，畸形 |
| 瓠瓜 | 颜色淡绿色、有光泽，表面光滑平整，有白色绒毛，有一定硬度，无弹性，皮薄肉洁白鲜嫩，瓜形周正 | 断裂、划伤、软烂、干皱、畸形，颜色发黄 |
| 佛手瓜 | 颜色浅绿色，佛手形状，有一定硬度，皮脆硬，肉晶莹透明，瓜形正 | 表皮擦伤、烂斑、干皱 |
| 角瓜 | 颜色黄绿色，表皮光滑有花纹和棱边，皮薄肉嫩、瓢小子少，有一定的硬度，尾蒂有毛刺 | 表皮粗糙，烂斑、划伤、软烂 |
| 茄子 | 紫色，表皮光滑，手感结实有弹性 | 表皮损伤、起皱，有虫洞、腐坏点 |
| 辣椒 | 红、绿、白颜色，表皮鲜嫩有光泽，带蒂 | 表皮损伤发黄，蒂枯，有腐坏 |

| 品名 | 优质质量形态 | 劣质质量形态 |
|---|---|---|
| 番茄 | 红色，表皮光滑，可带蒂、叶 | 表皮损伤、有洞、失水、软烂，有虫洞、腐坏点 |
| 百合 | 柔软，颜色洁白、有光泽，无明显斑痕，鳞片肥厚饱满，闻起来有淡淡的味道，尝起来有点苦 | 烂斑、伤斑、虫斑、黄锈斑，怪味 |

### 4. 豆类蔬菜

豆类蔬菜要求色泽鲜绿，豆荚硬实肉厚，荚嫩脆香，不显籽粒，无褐斑、虫洞、失水。豆类蔬菜包括毛豆、豌豆、豇豆、四季豆、刀豆、蚕豆、扁豆、荷兰豆等，其验收标准如表3-4所示。

**表3-4　豆类蔬菜验收标准**

| 品名 | 优质质量形态 | 劣质质量形态 |
|---|---|---|
| 豇豆 | 颜色淡绿、有光泽，豆荚细长、均匀、挺直、饱满，有花蒂，有弹性，折之易断 | 虫洞、黄斑、烂斑，粗细不均，豆荚松软、有空，折之不断，筋丝较韧 |
| 毛豆 | 颜色青绿，豆荚表皮茸毛有光泽，豆荚饱满，剥开后豆粒呈淡绿色，完整，有清香 | 受潮、虫洞、软烂，颜色发黄、发黑，豆粒小而瘪，有异味 |
| 青豆米 | 颜色青绿单一、有光泽，豆粒大、均匀完整，较嫩 | 颜色杂，大小不均匀，碎粒、烂粒、霉粒、杂质 |
| 四季豆 | 颜色翠绿色，表面有细绒毛，豆荚细长均匀、水分充足、饱满，有韧性、能弯曲，指甲掐后有痕，断之容易 | 有虫洞、斑点、水锈，腐烂、萎蔫，纤维明显、筋丝粗韧、豆荚粗壮，难弯曲 |
| 荷兰豆 | 颜色嫩绿有光泽，豆荚挺直，折之易断，筋丝不明显，豆粒小 | 枯萎，颜色黄绿色，筋丝明显，折之不断 |
| 豆芽 | 豆芽挺直，芽身短而粗，根须短，芽色洁白晶莹 | 发黄、发黑、干燥，豆壳多，断芽、烂头、烂尾 |

### 5. 菇菌类

对于菇菌类检验的基本要求为：外形饱满，手感强韧，伞内无腐烂、发霉变色。菇菌类包括香菇、木耳、草菇、金针菇、猴头菌等，其验收标准如表3-5所示。

表3-5　常见菇菌类蔬菜验收标准

| 品名 | 优质质量形态 | 劣质质量形态 |
|------|------|------|
| 香菇 | 菌盖颜色褐色、有光泽，菌褶为淡米色或乳白色，菌身完整无损、不湿，菌盖厚大、有弹性，柄短小，香味浓，重量轻 | 腐烂、破损、潮湿黏手，菌身不完整，颜色暗淡、发黑，味淡或异味 |
| 金针菇 | 菌盖颜色乳白，菌柄淡黄色，根部淡褐色，菌身细短、挺直 | 腐烂、潮湿、枯萎，菌盖脱落，柄粗长，颜色发黄 |
| 平菇 | 菌为洁白色，菌身完整、大小均匀，菌盖与柄、菌环相连未展开，根短 | 发霉、潮湿黏手、水浸、杂质，菌盖边缘裂开、盖柄脱离，颜色发黄，有黄斑 |
| 草菇 | 顶部颜色为鼠灰色，根部为乳白色，蛋或卵圆形，饱满，菌膜未破，湿度适中 | 潮湿黏手、水浸、腐烂，异味、杂质多，颜色变黑，菌盖欲开或菇腰凹陷 |

### 6. 水果类

对水果类总的感官要求为：果实结实、有弹性，汁多、肉甜、味足，手掂重量合理，未失水干缩，柄叶新鲜，果形完整，个体均匀，带本色香味，表皮颜色自然有光泽，无疤痕、变色或受挤压变形、压伤，无虫眼或虫啃咬过的痕迹，无过熟、腐烂迹象。

以苹果、梨为例，普通水果感官验收标准如表3-6所示。

表3-6　普通水果感官验收标准（以苹果、梨为例）

| 品名 | 优质质量 | | 合格质量次质特征 |
|------|------|------|------|
| | 外观质量 | 口感质量 | |
| 苹果类 | 个匀，结实、多汁、有光泽，表面光滑，无压伤、疤痕，不干皱，带本色香味 | 脆甜、酸甜、汁多 | 腐烂发霉，果皮失水萎缩，有疤痕、损伤、虫洞 |
| 梨类 | 个匀，表面颜色自然、有光泽，结实，带本色香味，无干皱、无压伤 | 甜而多汁、酥、渣少 | 失水干皱，无光泽，果皮变黑，切开心发黑，有冻压伤、虫洞 |

以香蕉、荔枝为例，热带水果验收标准如表3-7所示。

表3-7　热带水果验收标准（以香蕉、荔枝为例）

| 品名 | 优质质量 | | 合格质量<br>次质特征 |
| --- | --- | --- | --- |
| | 外观质量 | 口感质量 | |
| 香蕉 | 成熟度八成以上，中间颜色黄色，两端青绿色或全部黄色且有梅花点，有光亮，果形长而弯曲、月牙形，菱角不明显，果身圆满、有弹性 | 皮薄、易剥离，果肉呈淡黄色或奶白色，口感甘甜香浓、柔糯不涩，香气浓郁 | 腐烂、过熟、过生、裂开、发黑、异味、皮肉粘连、果肉软烂 |
| 荔枝 | 颜色鲜红或浅红色、表面布满龟裂片、有刺或无刺，果体上大下小、呈心形，果粒饱满、有弹性 | 皮薄，果肉洁白透明，口感细嫩、味甜多汁，有核，有荔枝特有的香味 | 果皮变褐色、裂开、萎蔫、果汁外溢、过软 |

## 二、肉类验收

为了统一肉类商品质量标准，以管控商品品质，降低因收货不当而产生排面品质不良与不必要的损耗，必须做好肉类检验验收工作。

### 1.猪肉检验标准

新鲜猪肉的检验标准如表3-8所示。

表3-8　新鲜猪肉质量检验标准

| 项目 | 新鲜 | 次质 |
| --- | --- | --- |
| 外表 | 表皮白净、毛少或无毛 | 有血块、污染，毛多，肉质瘫软 |
| 颜色 | 脂肪洁白有光泽，肉呈鲜红色或玫红色 | 暗红色或灰褐色，脂肪呈黄白、绿色或黑色表示已腐坏 |
| 弹性 | 弹性好，按之迅速恢复 | 弹性差，按之恢复较慢或有明显的痕迹 |
| 黏度 | 表面不黏手 | 干燥或黏手 |
| 气味 | 正常的肉味 | 异味 |

冷冻猪肉在解冻后其质量检验标准如表3-9所示。

表3-9 冷冻猪肉质量检验标准

| 项目 | 新鲜 | 次质 | 变质 |
| --- | --- | --- | --- |
| 颜色 | 外表颜色比冷却肉鲜明，在表面切开处为浅玫瑰色至灰色，用手或热刀触之，立显鲜红色，脂肪洁白 | 色稍暗红，缺乏光泽，脂肪微黄，有少量霉点 | 色暗红、无光泽，脂肪黄色或灰绿色，有白斑、黄斑、绿斑、紫斑、污血，过多冰衣、白霜 |
| 肉质 | 肉坚硬，像冰一样，敲击有响声，无杂质，无肌肉风干现象，肌腱为白色、石灰色 | 肉质软化、松弛 | 肉质松弛 |
| 黏度 | 外表及切面微湿润，不黏手 | 外表湿润、不黏手，切面有渗出液，不黏手 | 外表湿润、黏手，切面有渗出液，黏手 |
| 气味 | 化冻时，有肉的正常味，略潮，没有熟肉味 | 稍有氨味或酸味 | 氨味或酸味、臭味 |

### 2. 牛肉检验标准

新鲜牛肉的检验标准如表3-10所示。

表3-10 新鲜牛肉质量检验标准

| 项目 | 新鲜 | 次质 |
| --- | --- | --- |
| 颜色 | 颜色暗红、有光泽，脂肪洁白或淡黄色 | 颜色发黑或鲜红、淡红色，表面颜色不一致，脂肪呈黄色 |
| 肉质 | 肉质纤维细腻、紧实，夹有脂肪，肉质微湿 | 肉质纤维松软粗糙，肉质含水分大甚至滴水 |
| 弹性 | 弹性好，指压后凹陷能立即恢复 | 弹性差，指压后坚实，凹陷难以恢复 |
| 黏性 | 表面微干，有风干膜，不黏手 | 表面过于干燥、失水，或过湿无风干膜 |
| 气味 | 有牛肉的膻气 | 有异味、氨味等 |

冷冻牛肉在解冻后其质量检验标准如表3-11所示。

表3-11 冷冻牛肉质量检验标准

| 项目 | 新鲜 | 次质 | 变质 |
|---|---|---|---|
| 颜色 | 色红均匀、有光泽，脂肪洁白或微黄色 | 色暗，肉与脂肪缺乏光泽，切面有光泽 | 肉色暗，肉、脂肪无光，脂肪发污，切面无光泽 |
| 肉质 | 结构紧密坚实，肌肉纤维韧性强 | 松弛，肌肉纤维有韧性 | 软化、松弛，肌肉纤维缺乏韧性 |
| 黏度 | 外表风干、有风干膜，或外表湿润、不黏手 | 外表风干或轻度黏手，切面湿润、不黏手 | 外表极度干燥、黏手，切面湿润黏手 |
| 气味 | 牛肉的正常气味 | 稍有氨味或酸味 | 氨味或酸味、臭味 |

### 3. 羊肉检验标准

新鲜羊肉的检验标准如表3-12所示。

表3-12 新鲜羊肉质量检验标准

| 项目 | 新鲜 | 次质 |
|---|---|---|
| 颜色 | 颜色深红色或淡红色，有光泽，脂肪颜色洁白或乳白 | 颜色发黑或发绿，无光泽，脂肪黄色 |
| 弹性 | 弹性好，指压后凹陷能立即恢复，不黏手 | 弹性差，指压后凹陷难以恢复，表面黏手 |
| 肉质 | 肉质纤维细软，少有脂肪夹杂，有羊肉的膻气 | 肉质纤维粗硬，脂肪夹杂较多，有异味 |

冰冻羊肉在解冻后其质量检验标准如表3-13所示。

表3-13 冷冻羊肉质量检验标准

| 项目 | 新鲜 | 次质 | 变质 |
|---|---|---|---|
| 颜色 | 颜色鲜艳、有光泽，脂肪白色 | 肉色稍暗，脂肪稍黄，表面缺乏光泽，切面有光泽 | 色暗，脂肪微黄，表面无光泽、切面无光泽 |
| 肉质 | 结构紧密坚实，肌肉纤维韧性强 | 松弛，肌肉纤维有韧性 | 软化、松弛，肌肉纤维缺乏韧性 |
| 黏度 | 外表风干、有风干膜，或外表湿润、不黏手 | 外表风干或轻度黏手，切面湿润、不黏手 | 外表极度干燥、黏手，切面湿润黏手 |
| 气味 | 羊肉的正常气味 | 稍有氨味或酸味 | 氨味或酸味、臭味 |

### 4.禽肉检验标准

新鲜禽肉的检验标准如表3-14所示。

**表3-14 新鲜禽肉质量检验标准**

| 项目 | 新鲜肉 | 次鲜肉 | 变质肉 |
|------|--------|--------|--------|
| 眼球 | 平坦 | 多干缩凹陷，晶体稍混浊 | 干缩凹陷，晶体混浊 |
| 色泽 | 皮肤有光泽，因品种不同呈现乳白色或红色、灰色、灰白色等，肌肉切面有光泽 | 皮肤光泽失去，肌肉切面有光泽 | 体表无光泽，局部发绿 |
| 黏度 | 外表稍湿润不黏手 | 外表干燥或黏手，新切面湿润 | 外表干燥或黏手，新切面发黏 |
| 弹性 | 指压后凹陷立即恢复 | 肌肉开始松弛，指压后凹陷立即恢复 | 肌肉软化，指压后的凹陷不能恢复，有明显痕迹 |
| 气味 | 具有鸭鹅固有正常气味 | 轻度不快味 | 体表和腹腔有不快味或臭味 |
| 肉汤 | 透明澄清，脂肪团聚于表面，具有特有香味 | 香味差、无鲜味 | 有腥臭味 |

鸡的分割部件感官标准如表3-15所示。

**表3-15 鸡的分割部件感官标准**

| 序号 | 类别 | 优质 | 次质 |
|------|------|------|------|
| 1 | 鸡脚 | 新鲜质量好的鸡脚颜色呈乳白色，表面有光泽，个较大完整，整齐度好，肉厚有弹性，无黄皮趾壳，无血污、血水，无残缺，脚趾根上无黑斑，允许有少数红斑，但外观好 | 质量稍差的颜色则发黄、过分水浸、个太小或软烂，有黑色的碱斑 |
| 2 | 鸡胸肉 | 无残羽、无血水、血污，无残骨，无伤斑、溃烂、炎症，允许有少数红斑 | — |
| 3 | 鸡翅 | 优质的鸡翅颜色淡黄，有光泽，皮光洁紧缩，肉与皮结合紧密，无异味、无残羽、无伤斑和溃烂，无血水、血污，允许有少数红斑点，允许修剪但最大范围不超过关节处 | 质量稍差的则脱皮、淤血、发皱、有毛、黏手、有异味 |

| 序号 | 类别 | 优质 | 次质 |
|---|---|---|---|
| 4 | 鸡脖 | 去颈部皮，无羽毛，无血污，品质新鲜 | — |
| 5 | 全腿 | 颜色淡黄，肉颜色鲜红，有光泽，皮光洁紧缩，肉与皮结合紧密，弹性好，无异味、无残羽、无血水、血污，无残骨，无伤斑、溃烂、炎症，允许有少数红斑，外形美观 | 质量稍差的则会出现脱皮、淤血、发皱、黏手、颜色发暗、异味等情形 |
| 6 | 鸡肝 | 外形完整，去胆，无寄生虫、炎症、水泡，无胆汁污染，无血迹 | — |
| 7 | 鸡胗 | 新鲜质量好的鸡胗胗皮颜色呈金黄，肉紫绛色，结构紧密、厚实，有弹性，不黏手，外形完整，无内膜、无脂肪，去食管 | 质量稍差的颜色则呈灰绿，结构松弛，无弹性，表面黏手，有异味或污物 |

### 5. 猪的脏器的检验标准

猪的脏器的检验标准如表3-16所示。

表3-16　猪的脏器检验标准

| 序号 | 类别 | 优质 | 次质 |
|---|---|---|---|
| 1 | 肠 | 乳白色或淡褐色，卷曲有皱褶，质地稍软，清洁，略带坚韧，外形完整，无变质异味，无炎症溃疡、淤血、充血、水肿及其他病理现象，无肠头毛圈、脂肪内容物 | 质量稍差的颜色则呈淡黄色或灰绿色，肠壁发黏或有病变、溃疡、脓肿、寄生虫，有污物 |
| 2 | 肚 | 乳白色，组织结实，无异味，外形完整，质地柔软，表面清洁，内壁光滑，无溃疡及其他病变现象，无内容物、黏膜、脂肪，无淤血 | 质量稍差的颜色则呈灰绿色，结构松烂或硬厚，有硬块、溃疡、红肿、异味，或有污物 |
| 3 | 腰 | 淡褐色有光泽，表面光滑平整，湿润不黏手，结构紧密，略有弹性和尿臊气 | — |
| 4 | 心 | 优质的猪心颜色鲜红，结构紧实，形状完整，切开后有血块，有弹性 | 质量稍差的则颜色发暗或红棕色，脂肪灰绿，质地软、无弹性，有异味、肿块或寄生虫 |

续表

| 序号 | 类别 | 优质 | 次质 |
|---|---|---|---|
| 5 | 肝 | 红褐色或棕黄色，有光泽，湿润，略有弹性，组织结实微密，肝叶完整，无脂肪、胆囊、胆管、无寄生虫、炎症水泡、薄膜，无胆汁污染，微有鱼腥味 | 质量差的颜色则呈暗红或褐绿色，软塌松散无弹性，易破损，有异味，胆汁流出或有寄生虫 |
| 6 | 口条 | 品质新鲜，颜色呈黄白，外形完整，有弹性，无附着的肌肉、舌骨、舌苔、脂肪，无病伤，无异物 | 质量稍差的颜色则暗淡或发绿，结构松软，形状破损，有污物 |
| 7 | 猪脚 | 品质新鲜，乳白色或淡黄色，表面光滑无毛，肉弹性好，形状完整，去蹄壳，不带蹄筋，趾间无黑垢、无松香 | 质量稍差的颜色发黄，有毛或血斑、血块，弹性差，表皮破损 |
| 8 | 猪耳 | 颜色呈黄白色，表面光滑无毛，形状完整，弹性好，质地硬脆 | 质量稍差的毛多、有血块，形状破损，质地塌软 |
| 9 | 猪尾 | 品质新鲜，去毛洁净，不带毛根或绒毛 | — |

### 6. 其他附属产品检验标准

其他附属产品如羊肉卷、腊肠、腊肉等的检验标准如表3-17所示。

**表3-17　其他附属产品检验标准**

| 序号 | 类别 | 优质 | 次质 |
|---|---|---|---|
| 1 | 肥牛卷 | 颜色鲜红色，脂肪洁白，肥与瘦分布均匀比例合适，切片整齐碎肉少 | 颜色发黄，肥瘦不均，碎肉多，切片解冻或结块，有异味 |
| 2 | 羊肉卷 | 颜色鲜艳，脂肪洁白，瘦肉比例大，切片整齐碎肉少 | 颜色发暗或微黑，肥肉过多，碎肉多，切片解冻或结块，有异味 |
| 3 | 冷藏丸子 | 颜色均匀，有该种商品特有的颜色，如牛肉丸，颜色深褐色，形状圆球形，弹性好，表面湿润不黏手，气味正常 | 颜色深浅不一，形状不归整，弹性差，发散，手感发黏或有腐坏变质的异味 |
| 4 | 冷藏香肠 | 颜色均匀，有该种商品特有的颜色，弹性好，表面湿润、光滑、饱满，不黏手，气味正常 | 颜色深浅不一，形状不归整，弹性差，肉散或皮肉分离，手感发黏或有腐坏变质的异味 |

| 序号 | 类别 | 优质 | 次质 |
|------|------|------|------|
| 5 | 散腊肠 | 颜色深红色夹带白色脂肪，腊肠结实、干燥、完整，表面有光泽、起皱，肉质弹性好，具备腊肠的香味 | 颜色淡黄色或黄色，腊肠软湿、易碎、发黏，表面无皱纹、无弹性，有白（灰）色斑点，肠衣与肉分离，有哈喇味或其他异味 |
| 6 | 散腊肉 | 颜色皮金黄色，肉红润、紫红色，脂肪发黄、半透明，肥瘦均匀、整齐，肉质柔软有弹性，具有腊肉特有的香味 | 颜色深褐色，表面有白点，肉质坚硬、干燥，有哈喇味或其他异味 |

 **开店秘诀**

冻品注意整箱包装完整、无破箱，生产地址明显。验货时，要拆箱检查，如含水量太多称重时适当按比例除冰块的重量。如冻品解冻、软化、出水带血水，则不能收货。

## 三、水产品验收

对于水产品的验收，主要应从新鲜度、等级与规格、产地这三点把关。

### 1.活鲜产品验收

（1）鱼类。对于鱼类，主要是通过感官进行鉴别，具体标准如表3-18所示。

表3-18　鲜鱼的感官标准

| 项目 | 新鲜鱼 | 次鲜度鱼 | 腐败鱼 |
|------|--------|----------|--------|
| 鳞 | 有光泽且与身体坚硬地结合，无黏液附着 | 缺乏光泽，有点脱落，有点黏性 | 无光泽，肉质松弛，有恶味，不洁且附满黏液 |
| 眼球 | 眼睑突出，角膜透明 | 陷入，眼睑红色，角膜变浊 | 眼球破坏或脱落 |
| 鳃 | 鲜红色，有鲜鱼味，鳃的褶坚固地紧闭着 | 鳃的褶容易打开，有些褪色，有不洁灰红色液体，有臭味 | 明显松弛，有恶心的臭味 |
| 闻味 | 新鲜味 | — | 腐败味 |

续表

| 项目 | 新鲜鱼 | 次鲜度鱼 | 腐败鱼 |
|------|--------|----------|--------|
| 肉质 | 坚强有弹性，骨密接 | 柔软，容易与骨脱离 | 湿润、柔软 |
| 鱼体 | 将鱼水平放在掌上，没有弯曲现象 | 骨特别是尾端容易弯曲，腹部胀大、褪色，指压留压痕 | 明显松弛，有恶心的臭味 |
| 投水试验 | 浸入水中 | 浮于水面 | 浮于水面 |

（2）海鲜。各类海鲜的感官标准如表3-19所示。

表3-19　各类海鲜的感官标准

| 项目 | 新鲜 | 不新鲜 |
|------|------|--------|
| 软体类 | 色泽鲜艳，表皮呈原有色泽，有光泽，黏液多，体形完整，肌肉柔软而光滑 | 色泽发红，无光泽，表面发黏，略有臭味 |
| 贝壳类 | 受刺激时贝壳紧闭，两贝壳相碰时发出实响 | 贝壳易张开，两贝壳相碰时发出空响或破缺 |
| 虾类 | 外壳有光泽、半透明，肉质紧密、有弹性，甲壳紧密裹着虾体，色泽气味正常 | 外壳失去光泽、混浊，肉质松软、无弹性，甲壳与虾体分离，从头部起逐渐发红，头脚易脱落，发出臭味 |
| 蟹类 | 蟹壳纹理清楚，动作敏捷，将腹部朝上，能迅速翻身；蟹脚伸直不下垂，肉质坚实，体重，气味正常 | 蟹壳纹理不清，蟹脚下垂并易脱落，体轻，发腐臭 |
| 甲鱼 | 表面光滑有光泽，肌肉丰满、裙边宽厚，行动迅速生猛，腹部朝上，能自动翻身 | 皮肤腐烂，裙边不全，有白斑、红斑，行动迟缓，脖子红肿，腿侧有针眼或水肿，不能自动翻身 |
| 乌龟 | 外壳坚固、边缘整齐，头伸缩自如 | 皮肤腐烂，有灰色白斑、红眼、外伤 |

## 2. 冰鲜产品验收标准

（1）冰鲜鱼。冰鲜鱼的检验标准如表3-20所示。

表 3-20　冰鲜鱼的检验标准

| 类别 | 新鲜 | 不新鲜 |
|---|---|---|
| 肌肉 | 坚实有弹性，以手指压后凹陷立即消失，肌肉的横断面有光泽，无异味 | 肌肉出现松软无弹性，手指压后凹陷不易消失，易与骨刺分离，有霉味及酸味 |
| 眼睛 | 眼球饱满明亮、清晰且完整，瞳孔黑，角膜清澈 | 眼球塌陷，角膜混浊，眼腔被血浸润 |
| 鳃 | 新鲜的鱼鳃呈鲜红色或血红色，鳃丝清晰，黏液透明且没有粘泥，无异味 | 呈褐色至灰白色，附有浑浊黏液，且带有酸臭味及陈腐味，则表明其已不新鲜 |
| 体表 | 体表完整无破损，有透明黏液，鳞片鲜明有光泽，贴附鱼体牢固，不易脱落 | 有黏液污秽，鳞无光泽易脱落，并有腐败气味，则说明其已不新鲜 |
| 腹部 | 腹部完整不膨胀，内脏清晰可辨，无异味 | 不完整，膨胀破裂或变软凹下，内脏黏液不清，有异味 |

（2）冰鲜虾。冰鲜虾有固有的颜色，不发白或红，头胸甲与躯干连接紧密，无断头现象，虾身清洁无污物。

（3）冰鲜软体类。对于冰鲜软体类的质量检验，具体标准如表3-21所示。

表 3-21　冰鲜软体类质量检验标准

| 项目 | 优质 | 次质 |
|---|---|---|
| 墨鱼 | 颜色表皮白色，肉质洁白，有光泽，有黏液，斑点清晰，形体完整且大，头身连接，结构紧密，弹性好，稍有腥味 | 颜色发红或色泽模糊，头体分离、断缺，结构松弛，弹性差或肉易烂易裂，有异味 |
| 鱿鱼 | 颜色表皮白色，肉质颜色洁白，有褐色斑点，有光泽，有黏液，形体完整且大，头身连接，结构紧密，韧性好，稍有腥味 | 颜色黄褐色，头体分离、断缺，结构松弛，韧性差或肉瘫软易碎，有异味 |
| 银鱼 | 颜色乳白色、半透明，有光泽，鱼条挺直、整齐、大而均匀，无杂质、无腥味 | 颜色灰白色或黄色，不透明，鱼条小而软烂或掉头断身，有杂质，有异味 |

## 3. 盐渍海产品验收标准

对于盐渍海产品，可通过感官进行鉴别，具体标准如图3-5所示。

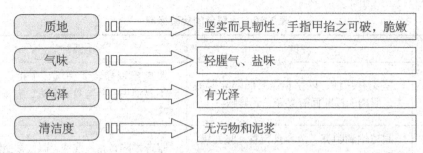

图 3-5　盐渍海产品验收标准

### 4.急冻海产品验收标准

急冻海产品有两种急冻形式，分别是块冻或独立单冻。

对急冻海产品检验时，其标准可参照冰鲜鱼感官鉴别，只是质量略次于冰鲜鱼。另外检验时还需注意如图3-6所示的细节。

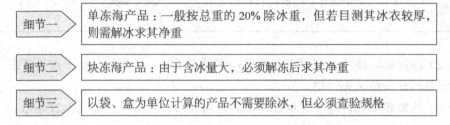

图 3-6　急冻海产品检验细节

### 5.鱼糜制品验收标准

新鲜鱼糜制品在实施质量检验时，应按如表3-22所列示的标准进行。

表 3-22　新鲜鱼糜制品的质量标准

| 项目 | 优质 | 次质 |
| --- | --- | --- |
| 鱼丸类 | 颜色白或灰白，表面光滑，大小均匀，肉质松软有韧性，口味新鲜，咸淡适中，无腥味 | 颜色发暗，大小不均匀，变质，有异味、有异物，粉过多，腥味大 |
| 鱼卷类 | 颜色淡黄或黄白色，不焦不煳，长短粗细均匀，无回生现象，肉质柔软、口味鲜美、咸淡适中，无腥味 | 发黏、回生、焦煳、腥味大，有异味、有异物 |
| 鱼糕类 | 颜色新鲜洁白，肉质松软有弹性，切割后不散，刀口平滑整齐不碎，口味鲜美、咸淡适中，无腥味 | 发黏、回生、酸败、易碎，腥味大、有异物 |

## 6.海产干货验收标准

海产干货包括鱿鱼、墨鱼、鱼翅、干贝、海米、虾皮、贝尖、虾籽等。以鱼干、虾皮为例，具体验收标准如表3-23所示。

**表3-23　海产干货的质量标准**

| 类别 | 项目 | 一等品 | 二等品 | 三等品 | 次品/变质品 |
|---|---|---|---|---|---|
| 鱼干 | 鱼体 | 大而完整，干燥均匀，刀口平整，弯曲后可自行弹回 | 稍小完整，干燥均匀，刀口不平整，弯曲后可自行弹回 | 体小不整齐，有回潮、虫蛀现象，鱼体软，弯曲后不能自行弹回 | 鱼体发霉、散架，虫蛀严重，弯曲则断 |
| | 鱼肉 | 颜色白或淡黄，肉质紧密，清洁，无血污、油斑 | 颜色较黄，肉质紧密，有少量的黄斑，泛油 | 颜色灰白或深黄，有盐霜，肉骨分离，泛油 | 颜色淡红色、深黄色，肉质松软烂，有油斑 |
| | 鱼鳞 | 完整无缺、紧贴鱼身 | 稍有脱落 | 鱼鳞脱落较多 | 鱼鳞大部分脱落，手感发黏 |
| | 气味 | 盐味和干鱼香味 | 盐味和淡干鱼香味 | 腥味、哈喇味 | 腐臭味 |
| 虾皮 | | 虾皮颜色淡黄、有光泽、片大均匀（2厘米以上），头尾完整，干燥无杂质，咸味很轻 | 虾皮颜色黄色、无光泽、片稍小均匀（2厘米以下），整齐有断片，干燥少量杂质，味稍咸 | 虾皮颜色暗黄、无光泽、片小有断碎片，不完整，干度差，有杂质，咸味较重 | 虾皮颜色深黄或发红、碎片多，或大部分为碎屑，潮湿黏手，有小鱼、小蟹杂质，咸味重或有异味 |

## 第三节　商品加工管理

生鲜蔬果、鱼、肉等商品，其形状大小、规格均不同，如何经过加工处理后，展现出价值感、丰富感与鲜度感，从而激起顾客的购买欲望，这便是生鲜加工的最大意义。

## 一、果蔬加工处理

对果蔬进行初步加工处理，既利于鲜度保持，也可提高商品价值、提高毛利，同时也方便顾客挑选，进而促进销售。

### 1. 蔬菜分类处理

蔬菜分类处理的具体要求如表3-24所示。具体图示如图3-7～图3-12所示。

表3-24 蔬菜分类处理要求

| 序号 | 类别 | 具体操作 |
|---|---|---|
| 1 | 叶菜类 | （1）去除枯萎、折断的叶子<br>（2）切去老化根部<br>（3）洗去泥土、沥干并风干水分<br>（4）理齐分把，用捆扎带捆扎上货<br>（5）结球叶菜可直接去除外层枯萎、折断的叶子后上架陈列，或用保鲜膜包装后上货 |
| 2 | 根茎类 | （1）刷除泥土、削整叶柄，分出形状大小，可直接散装陈列，也可用包装网袋盛装，以袋售卖<br>（2）茎类要去除枯萎梗、折断茎和泥土，理齐分把，用捆扎带捆扎<br>（3）较细小的蔬菜可直接投入周转箱散装售卖，也可用透气袋包装售卖 |
| 3 | 花果类 | （1）切去老化梗，去除泥土，把腐烂、虫咬的挑选出来，上货<br>（2）较大的冬瓜、南瓜，切段用保鲜膜包装<br>（3）花菜可用保鲜膜包装，如西兰花 |
| 4 | 菇菌类 | （1）去除泥土、污物，挑出腐败变黑的<br>（2）用透气袋分装，也可用托盘盛装、用保鲜膜包装 |
| 5 | 调味品类 | （1）葱、青蒜等去腐叶，分把捆扎好<br>（2）鲜姜去泥土用托盘盛装，用保鲜膜包装，也可用网袋盛装<br>（3）蒜去泥土、外皮，可用网袋盛装 |
| 6 | 水果类 | （1）擦净表皮，将虫咬、腐败、有疤痕的挑选出来，上货架散装售卖<br>（2）柑橘也可用红色网袋盛装，以袋售卖<br>（3）进口高价值水果、部分易变质热带水果（浆果类）要用托盘盛装，用保鲜膜包装，可防止损耗；菠萝、香蕉、榴梿等则不必如此 |

图 3-7　包扎好的叶菜

图 3-8　放入周转箱售卖的豆芽

图 3-9　分切好的南瓜

图 3-10　用托盘包装好的菌菇

图 3-11　用网袋包装好的蒜头

图 3-12　用托盘包装好的水果

### 2.盒装蔬菜处理

对于体积较大的蔬菜，如大白菜、冬瓜等为便于销售，可以切半装盒。辣椒、小西红柿、金针菇等一般是直接装盒。

盒装蔬菜处理步骤如图3-13所示。

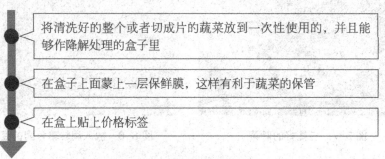

将清洗好的整个或者切成片的蔬菜放到一次性使用的，并且能够作降解处理的盒子里

在盒子上面蒙上一层保鲜膜，这样有利于蔬菜的保管

在盒上贴上价格标签

**图3-13　盒装蔬菜处理步骤**

但盒装蔬菜在处理时，应注意以下事项。

（1）要将待装蔬菜清理干净，有的需要用水洗，如莲藕、红薯等，有的则不能用水洗，因为这样易腐烂，如叶菜类和花菜类蔬菜。

（2）要根据不同的蔬菜种类，考虑是整体包装还是切成片或块包装。

（3）盒装蔬菜在摆放时不要彼此堆压，要平铺在柜台上（如图3-14所示）。未能及时销售的蔬菜，根据其保质期和质量情况采取不同措施进行处理。

**图3-14　放入冷藏柜陈列的盒装蔬菜**

### 3.散装蔬菜处理

对于体积较大、不太容易用盒包装的蔬菜，如芹菜、大葱、菜心、西芹、韭菜等，应事先分成小份，并用捆扎绳扎好，贴上标签，标明重量以及相应的价格再进

行销售。如图3-15所示。

图3-15　捆扎好的韭菜

散装蔬菜处理技巧如图3-16所示。

| 技巧一 | 要注意将它们清理干净，再包扎成捆，重量要适中 |
| 技巧二 | 捆扎的力度要松紧适宜，太松容易散落，太紧则蔬菜捆扎部分容易腐烂 |
| 技巧三 | 对于那些没能及时销售出去的蔬菜，要注意及时对商品进行拣选，并重新包装，防止商品出现变质 |

图3-16　散装蔬菜处理技巧

### 4.水果加工处理

水果的加工处理一般有水果加工、果盘加工和果汁加工三种情况。

（1）水果加工。水果加工的要求如图3-17所示。

| 要求一 | 按质量要求对进货进行挑拣，将次质商品剔除 |
| 要求二 | 将质检后的商品，用规格一样的包装盒或包装袋进行分装，用打包机进行热膜包装 |
| 要求三 | 用电子秤打价并把标签贴在统一的位置上，如贴在包装袋的正中间或包装盒的右上角 |
| 要求四 | 清洁设备、清除水果垃圾、清理工作区域 |

图3-17　水果加工的要求

（2）果盘加工。果盘加工的要求如图3-18所示。加工好的果盘如图3-19所示。

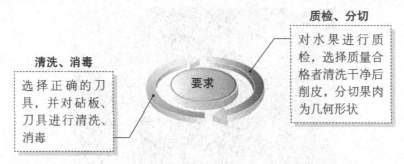

**质检、分切**
对水果进行质检，选择质量合格者清洗干净后削皮，分切果肉为几何形状

**清洗、消毒**
选择正确的刀具，并对砧板、刀具进行清洗、消毒

**要求**

图3-18　果盘加工的要求

图3-19　加工好的果盘

## 二、肉类加工

肉类的加工处理是原料肉经过收验货后，在操作间切割加工、分装的过程，其程序如图3-20所示。

原料入库 → 一次处理 → 二次处理 → 装盒、包装 → 陈列 → 销售

图3-20　肉类加工的程序

### 1. 原料入库

不同原料入库的处理要求也各不相同。

（1）猪肉。对猪肉的入库处理，具体操作如图3-21所示。

整条猪和部位肉收验货后，应立即放入冷藏库保鲜

如需要加工处理，预冷15分钟后再拿出来加工

化冻应使用冷藏解冻或流水解冻，严禁死水或在室温下自然解冻

若不能立即加工，要用塑料袋覆盖肉类，以免风干，储存时应避免大量堆积

冷冻猪肉收验货后直接进入冷冻库储存

**图3-21　猪肉的入库操作**

（2）鸡肉。对鸡肉的入库处理，具体操作如图3-22所示。

鸡大胸、鸡小胸等没带皮的要隔塑料袋敷冰

操作

全鸡、琵琶腿、翅中、鸡全翅等带皮的鸡肉可直接敷冰储存

**图3-22　鸡肉的入库操作**

（3）牛肉。牛肉在入库加工处理时，真空冷藏牛肉应防止大量堆积，若是冷藏裸肉则须以塑料袋覆盖，以免风干，储存时应避免大量堆积，影响品质。冷冻牛肉直接进入冷冻库储存。

2. 一次处理

肉类一次处理是指家畜、家禽屠体的分切过程。对于新鲜肉类需要按照类别、等级进行分割加工。其分割要求如下。

（1）基本分割。将半边家畜分成后腿、中段、前肩等三块，前肩应从颈骨开始至第四根与第五根排骨之间断开，中段应由第五根肋排到尾骨缝隙处切断，后腿应从尾骨缝隙处开始。

（2）前肩分割。前蹄、大骨、扇骨、肋排、前小排、夹心肉、带皮前腿、优质前腿等8块。

（3）中段分割。梅肉、里脊、板油、五花肉、特级肋排、脊骨、软骨等7块。

（4）后腿分割。龙骨、特级瘦肉、腱子肉、带皮后腿、筒骨、去皮后腿、优质瘦肉等7块。

**开店秘诀**

执行一次处理通常需使用剔骨刀、片刀、剁骨刀等工具。

### 3. 二次处理

二次处理是指将部位肉再进行分切成商品化的过程，具体操作要求如下。

（1）执行二次处理需使用锯骨机、切片机、绞肉机等机器，以及用剔骨刀、片刀、剁骨刀等工具。

（2）将细分成的肉类修整、去皮、去油膜或再分切成块状、片状、绞肉馅等。

（3）为提高肉类的利用率，减少损耗，可在肉类尚未劣变以前，进行再加工，如制作香肠、调味、绞肉馅等。

### 4. 装盒、包装

肉类装盒、包装时的具体要求如图3-23所示。包装好的猪肉如图3-24所示。

| | |
|---|---|
| **1** | 肉类装盒时不得高于包装盒的高度 |
| **2** | 为衬托商品，可于盒中加上各种形式的山形叶，以美化肉类 |
| **3** | 要注意包装大小依顾客需求而定 |

**图3-23　肉类装盒、包装的要求**

**图3-24　用托盘包装好的猪肉**

## 三、水产品加工

为了更好地服务顾客，大多数的生鲜店在售卖水产品时，都会帮助顾客进行加工处理。水产品加工分为一次处理与二次处理。

### 1. 一次处理

水产品的一次处理程序包括去鱼鳞、去鳃及内脏、清洗这三道加工处理程序。

（1）去鱼鳞。去鱼鳞的具体操作步骤如图3-25所示。

将鱼体与台面呈平行状态，鱼的腹部朝人，以左手按住鱼头，右手拿刮鳞器以逆鳞的方向，由鱼的尾部向头部去刮鳞片，如果腹部、鳍部有较细鳞片的必须用刀尖割除

有较细鳞片的鱼也可用钢刷刮鳞片

鱼的反面同样将鱼体与台面平行，背部朝人，逆向刮除鱼鳞

**图3-25　去鱼鳞的步骤**

（2）去鳃及去内脏。去鳃及去内脏的操作步骤如图3-26所示。

鱼头朝右边，以右手持杀鱼刀，左手按住鱼体，将鱼鳃的根部切离鱼头

将杀鱼刀的刀锋从鳃的边缘插入，并顺着边缘割开鱼鳃

将鱼腹朝上，切断相反的鳃和头的接合处

打开鳃盖到能够切到鱼腹的程度，将杀鱼刀插入鱼鳃盖下，进行切开鱼腹的动作

以杀鱼刀的刀尖切开鱼腹至肛门的部位，注意不要伤及鱼卵或鱼胆等内脏物

用大拇指和食指轻轻地将鱼鳃掀起，以杀鱼刀的刀尖顶住凸形部位，将鱼鳃轻轻拔除，使鱼鳃与鱼头部分离

鱼鳃切除之后，取出内脏，在肛门附近位置切除

**图3-26　去鳃及去内脏的操作步骤**

（3）清洗。清洗是完成一次处理的作业，在这个阶段的作业中，鱼鳞、黏液、血块等都必须用清水冲洗干净，特别是腹腔内背上黑膜部分，要完全进行清除。

2.二次处理

经过一次加工处理后，用消毒过的干毛巾擦去附在表面的水分，然后再做商品

化的作业。水产品以刀具做切割及修整成商品的作业称为二次处理，具体要求如表3-25所示。包装好的水产品如图3-27所示。

表3-25 水产品二次处理的要求

| 序号 | 类别 | 操作 | 适用范围 |
|---|---|---|---|
| 1 | 整体鱼或全鱼 | 保持鱼体的原形而包装成的商品，称为全鱼或整条鱼 | 秋刀鱼、多春鱼、章鱼、冻虾、黄花鱼、平鱼、贝类等 |
| 2 | 半处理鱼 | 经去除鱼鳞、内脏，未再进行切割作业即包装成商品 | 各类淡水鱼及鱼体较小的海水鱼 |
| 3 | 片鱼 | 半处理鱼以刀去除鱼头后，将杀鱼刀从尾部或背脊部纵切成上、下二片的处理 | 虱目鱼等 |
| 4 | 三片鱼 | 用杀鱼刀再去除二片肉中带有脊椎骨的处理而成片肉 | 用于切生鱼片 |
| 5 | 段块肉 | 半处理鱼去除头部、尾部后，用杀鱼刀沿鱼体横切成1～2厘米宽的鱼片或切成7～10厘米长的块鱼 | — |
| 6 | 鱼排 | 三片肉中去脊椎骨的二片肉切成0.5～1厘米厚的鱼片 | 三文鱼排、鲩鱼排等 |
| 7 | 生鱼片 | 鱼排中较新鲜，而且不含血和骨的部分，切成厚0.5～1厘米，宽2.5～3.5厘米，长4～5厘米的小鱼片，做生吃用 | — |
| 8 | 鱼干 | 水产品经熟食或以盐腌的方式加工而成的商品 | 马友鱼、红鱼等 |
| 9 | 鱼头、鱼骨 | 比较新鲜的鱼头及鱼骨，可以切成块状，用于煮鱼汤 | — |

图3-27 用托盘包装好的水产品

## 四、熟食（面包）加工

制作熟食（面包）的原物料（新鲜品、冻品）进入卖场后，第一时间进入冷藏、冷冻库储存，新鲜品须用保鲜膜盖住，避免干化。待加工制作时再从冷藏、冷冻库取出处理。

### 1. 熟食二次变鲜方法及实际操作

二次变鲜指的是加工制作的商品当天未销售完，商品无任何变质，但卖相欠佳，报损不符合条件，第二天不能以正常商品贩卖的商品。在这种情况下，为减少损耗，须经过再加工成另外一种商品，再贩售。

（1）烤鸡。当天未售卖完的烤鸡，第二天可以把整只烤鸡砍成鸡块，然后再加上调料（干尖椒、花椒）制作成为"辣子鸡丁"再行出售。也可以把鸡块与其他蔬菜配置成一道小菜做成便当（盒饭）售卖，或制作成炸鸡块再售卖（烤鸡腿、烤鸡翅与烤鸡处理方法相同）。

（2）烤排骨。把当天未销售完的排骨砍成一小段一小段，然后加上调料用火炒成一道小菜，做排骨盒饭（便当）出售。

（3）炸鸡腿、鸡翅。把当天未售完的鸡腿、鸡翅，用手把鸡腿、鸡翅外表皮的炸粉削掉，然后把鸡腿、鸡翅放到卤水里卤成卤鸡翅、卤鸡腿，做鸡腿盒饭（便当）销售，也可做卤鸡腿、卤鸡翅出售。

（4）卤制品（如图3-28所示）。一般情况下，为了保持卤制品的新鲜度，托盘内应加卤水汁，要经常做翻面的动作，以维持鲜度。当天未销售完的卤制品，第二天可以切成片制成凉拌菜出售，或者切成片（段）调上卤汁打成包装后再销售。

**图3-28　制作好的卤菜**

### 2. 熟食配菜的制作与应用

熟食制作加工的配菜可以称之为主料，就是将经过初步加工和刀功处理成形的原料，根据菜肴的质量和要求以及其色泽、口味、烹调方法的应用，做出科学合理的搭配，使配成的菜肴色泽美观、美味可口、形态美观、富有营养，称之为熟食配菜。

配菜的基本要求如图3-29所示。

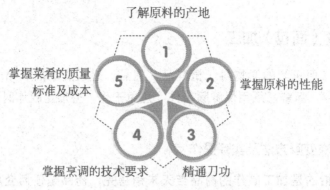

**图3-29 配菜的基本要求**

## 第四节 商品陈列管理

生鲜的陈列直接影响到生鲜店的整体经营。生鲜陈列要注意两个问题：一是新鲜，二是干净。生鲜种类繁多，就必须掌握好一些基本的陈列方法和技巧。

### 一、生鲜陈列的标准

商品是在反反复复的形象维护中销售出去的，所以商品的美观陈列和卖相是至关重要的。生鲜陈列的标准如图3-30所示。

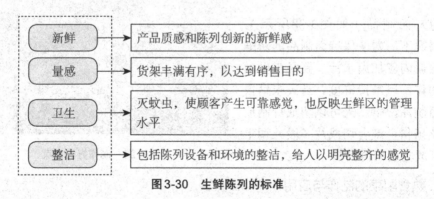

**图3-30 生鲜陈列的标准**

### 二、果蔬的陈列

在生鲜店里，果蔬的品项一般约在50～100种之间，随季节而变化，顾客可以从中挑选购买自己所喜爱的品项。而卖相对果蔬的销售很重要，因此果蔬的陈列直接影响生鲜店整体的经营业绩。

### 1. 果蔬陈列的基本原则

果蔬陈列的基本原则如图3-31所示。

| 分类原则 | 质检原则 | 丰满陈列原则 |
|---|---|---|
| 色彩搭配原则 | 降低损耗原则 | 先进先出原则 |
| 季节性原则 | 清洁、卫生原则 | 标识清楚正确原则 |

**图3-31　果蔬陈列的基本原则**

（1）分类原则。由区域分类——大分类——中分类。

——蔬菜按叶菜类、花果类、根茎类、菇菌类、调味品类等分开陈列。

——水果按瓜类、柑橘类、苹果梨类、桃李类、热带水果及礼盒类分别陈列。

——形状相似、大小相似的相关品项相邻陈列。

——叶菜类要随时喷水加湿，并避免通风陈列，防止蔬菜失水、萎缩。如图3-32所示。

**图3-32　给叶菜加湿**

（2）质检原则。

——果蔬在销售区域进行陈列之前，必须进行质检程序，确保所有货架上的商品符合优良品质的标准，体现出果蔬经营的"新鲜"宗旨。

——营业期间，对销售区域上陈列的商品进行质检，一旦发现腐烂、变质的果蔬，要第一时间挑拣出来。

（3）丰满陈列原则。果蔬的陈列要丰满、货多，起到吸引顾客、货优价平的作用，坚决杜绝缺货、少货。

（4）色彩搭配的原则。果蔬的颜色丰富、色彩鲜艳，陈列的颜色适当组合、搭配，能充分体现出果蔬的丰富性、变化性，既能给顾客赏心悦目、不停变化的新鲜感，又能较好地促销所陈列的商品，这一点是果蔬陈列的技巧所在。如图3-33所示。

图3-33　不同颜色水果搭配陈列

比如，绿色的黄瓜、紫色的茄子、红色的西红柿的搭配；红色的苹果、金黄色的橙子、绿色的啤梨搭配，将产生五彩缤纷的色彩效果。

（5）降低损耗原则。

——在陈列时必须考虑不同商品的特性，选择正确的道具、方法、陈列温度，否则将因不当的陈列而造成损耗。比如，桃子比较怕压且容易生热，所以陈列时不能堆放。

——陈列面积必须与周转量成正比，且比例适当。若陈列面积过大，则果蔬在货架的滞留时间长，易造成损耗；若陈列面积过小，则每日补货的次数频繁，会降低人员的劳动效率。

——陈列时间必须小于该品种当前温度、相对湿度、当前品质状态所能维持的生命期。

（6）先进先出原则。先进先出是指先到货的货物先陈列销售，特别是同一种在不同时间分几批进货时，先进先出是判断哪一批商品先陈列销售的原则。果蔬的周转期短，质量变化快，坚持这一原则至关重要，它是生鲜商品经营的普遍性原则和一般性原则。

（7）季节性原则。果蔬的经营具有非常强的季节性，不同的季节有相应的水果、蔬菜上市，因此，果蔬的陈列应因时而变，将新上市的品种陈列在明显的地方，更好地满足顾客的需求。

（8）清洁、卫生原则。

——卫生主要指水果、瓜菜是否干净、整洁，无泥土、杂草等。通过对果蔬的自行加工及对净菜的推广来保证其整洁、干净。

——区域、设备、陈列用的器具是否清洁卫生。

（9）标识清楚正确原则。果蔬的标识要做到以下5点。如图3-34所示。

图3-34 标识的品名与陈列商品一致

——标识牌与陈列的设备相匹配。

——标识牌变价的方式满足果蔬的频繁变价的特性。

——标识位置与商品的位置一一对应。

——标识的品名与陈列商品一致。

——标识的价格、销售单信息要正确无误，与系统一致。

### 2. 果蔬陈列方式

常见的果蔬陈列方式有以下7种。

（1）整齐陈列。整齐陈列是任何商品陈列最基本的原则，其作用就是通过整齐摆放的果蔬，让果蔬区更显整洁，并且也更便于顾客挑选。如图3-35所示。

（2）堆积陈列。将同类果蔬堆积在一起，顶层商品数量较少，底层商品数量最多，呈现出"满"的感觉，还有一定的立体感，吸引顾客前来购买。如图3-36所示。

图3-35 整齐陈列效果图

图3-36 堆积陈列效果图

（3）包装陈列。将精品果蔬用保鲜膜包好，再整齐码放在果蔬架上，有效防止顾客翻动造成损坏，还能凸显与众不同的精品品质。如图3-37所示。

（4）创意陈列。将形状、颜色各异的果蔬以不同的造型做陈列，活跃果蔬区气氛，打破单调沉闷的形象，是一个能对顾客产生吸引力的好创意。如图3-38所示。

图3-37　包装陈列效果图　　　　　　图3-38　创意陈列效果图

（5）分层陈列。将同类果蔬一层层码放在一起，既体现量感，又能呈现整齐美观的展示效果。但要注意的是，分层陈列的果蔬架最好有较高的围栏，防止果蔬滚落。如图3-39所示。

（6）平铺陈列。平铺排列的重点是将蔬菜的根茎分别对齐，使其根齐叶顺，有序地并排放置在一起，给人留下美观整洁的印象。如图3-40所示。

图3-39　分层陈列效果图　　　　　　图3-40　平铺陈列效果图

（7）分类陈列。不同的果蔬要分类摆放在不同的果蔬筐里，这样既方便顾客挑选，也让果蔬商品的陈列更有秩序，不会显得杂乱无章。如图3-41所示。

### 3.果蔬陈列架的选择

门店内不同的区域有不同的陈列方式，相应的货架也有不同的选择。果蔬陈列架的选择应考虑以下因素。

（1）考虑果蔬的基本特性。生鲜商品较为特殊，不适宜采用常规的双面货架或单面货架做陈列，必须用到专用的果蔬货架，并且与果蔬直接接触的层板、展示框等最好不要用铁制或木制的，避免生锈或腐坏。

（2）考虑果蔬的摆放位置。

——靠墙摆放。将果蔬架摆在靠墙位置，就意味着果蔬展示是单面的。一般适合采用既能合理利用门店空间，又不会影响果蔬展示的单面果蔬货架。

——居中摆放。如果是摆放在中间区域的果蔬货架，可以有两种

图3-41　分类陈列效果图

图3-42　利用果蔬展示篮陈列蔬菜

选择：一是利用陈列面积更大的双面果蔬架陈列，方便过往顾客挑选所需果蔬；二是利用果蔬展示篮打造生鲜堆头，对顾客形成视觉上的冲击（如图3-42所示）。

### 4.果蔬陈列区注意事项

（1）注意果蔬间的色彩搭配。新鲜果蔬色彩鲜艳，如果能合理搭配，会在果蔬区形成一道亮丽的风景线。反之如果不注重果蔬间的色彩搭配，胡乱陈列，只会影响顾客的视觉感受。

（2）注意水果间的化学反应。有些水果释放的化学物质会与其他水果发生化学反应，比如苹果释放的乙烯气体会加速西瓜熟烂；香蕉会加速其他蔬果的成熟速度；黄瓜与含有乙烯的西红柿放在一起会加速变质等。类似这样的果蔬要避免陈列在一起。

（3）注意随时洒水保持新鲜。有些早上就上架的果蔬卖到中午可能就蔫了，这时就要及时洒水保持果蔬的新鲜程度，让货架上的果蔬任何时刻都能呈现出最好的

状态。

（4）注意不同果蔬的不同陈列要求。受果蔬不同性状的影响，在陈列时要注意区别对待。只有考虑到了果蔬的不同陈列要求，才能尽量降低损耗。

比如苦瓜、韭菜怕挤压，应少量陈列；芋头、土豆怕湿，陈列位置要干燥；苹果、柑橘及各种瓜类商品都应在果蔬架上铺一层垫毯再陈列。

（5）不是所有果蔬都适合放进冷柜。为了让果蔬拥有更长的保鲜期，有些门店的果蔬区可能还会用冷柜来陈列果蔬。要注意的是，并不是所有果蔬都适合放进冷柜，比如桃子、香蕉、芒果等放进冷柜可能会影响口感，甚至加速变质。

## 三、水产品的陈列

一般海鲜水产品的销售通常都是无言的销售方式，水产品被置放于小型海鲜池，并无销售人员在旁销售。那么，该如何用这种无言的销售方式，激起顾客的购买欲，以达到促销效果？这就要借助陈列面的装饰、表面颜色、商品品质、排放的丰富感及整齐度。水产品的陈列最主要的是根据销售状况及商品特性来陈列，以顾客易选、易看、易挑、易拿为基本原则。

### 1. 水产品陈列方法

水产品一般采用以下6种陈列方法。

（1）全鱼集中法。全鱼集中陈列的方向要考虑到当地的习惯及美观。以鱼头朝内、鱼尾朝外，鱼腹朝边、鱼背朝里的方向摆放。此陈列法运用于中小型鱼陈列。如图3-43所示。

（2）段、块鱼陈列法。鱼体较大的鱼无法以全鱼来商品化陈列，必须以段、块、片状加工处理后（以符合消费者一餐用完的量）来搭配增加美感陈列。

**图3-43　全鱼集中陈列效果**

（3）生动化陈列。将鱼体以倾斜方式植入碎冰中，其深度不得超过鱼体的1/2宽度，依序排列，显示活鲜鱼在水中游走的新鲜感及立体美感，且能让顾客容易看到、摸到，任意选择。如图3-44所示。

（4）平面陈列法。刺身鱼肉的切口是鲜度的标志，不可以重叠陈列，应予平面陈列，以防止降低商品的鲜度感。

（5）色彩显示陈列。根据水产品本身的表面颜色、鱼纹、形状组合陈列，可以增加顾客注意力，提高购买率。

（6）品种陈列。按水产品的不同品种分开陈列，如浅海鱼、深海鱼、生鱼片等。如图3-45所示。

图3-44　生动化陈列效果　　　　　　　　　图3-45　按品种陈列

💡 **开店**秘诀

鲜鱼陈列时，可以铺生菜、红辣椒等色泽鲜艳的叶菜来点缀商品，可以起到增强顾客注意力的作用。

### 2. 水产品陈列基本要求

水产品的陈列应满足图3-46所示的要求。

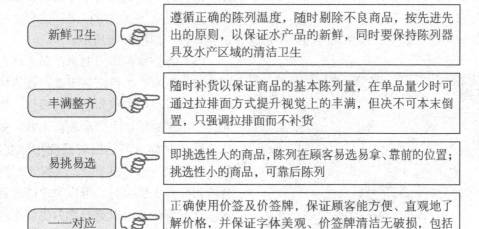

| 新鲜卫生 | ☞ | 遵循正确的陈列温度，随时剔除不良商品，按先进先出的原则，以保证水产品的新鲜，同时要保持陈列器具及水产区域的清洁卫生 |
|---|---|---|
| 丰满整齐 | ☞ | 随时补货以保证商品的基本陈列量，在单品量少时可通过拉排面方式提升视觉上的丰满，但决不可本末倒置，只强调拉排面而不补货 |
| 易挑易选 | ☞ | 即挑选性人的商品，陈列在顾客易选易拿、靠前的位置；挑选性小的商品，可靠后陈列 |
| 一一对应 | ☞ | 正确使用价签及价签牌，保证顾客能方便、直观地了解价格，并保证字体美观、价签牌清洁无破损，包括价格与商品一一对应、价签与商品一一对应 |

图3-46　水产品陈列基本要求

### 3. 水产品陈列器具使用规范

水产品陈列器具使用规范如图3-47所示。

| 1 | 做好1日4次的温度检查 |
| 2 | 营业结束时需放下冷柜的遮盖帘，冷库锁门 |
| 3 | 做好冰台商品保冰过夜管理 |
| 4 | 半成品用挑选器具统一放于托盘右下角 |

图3-47 水产品陈列器具的使用规范

### 4. 水产品冰台陈列步骤

为了让水产品看起来新鲜，门店应利用冰台陈列出各种水产品。冰台陈列的步骤如下。

（1）布置冰台并做好规划。布置冰台先要在台面上铺洒一层冰，这层冰不需要铺实，方便融化的冰水从冰台底部排出。在向冰层上铺列生鲜产品前，要事先划好每种生鲜水产的大致区域，最好要进行划线以作标识。包括什么品种的水产要放在什么位置、放多少以及放哪一种造型等都需要提前有所规划。

（2）将水产品合理铺列在冰台上。做好冰台规划后，就需要开始在冰层上陈列生鲜水产。在陈列过程中，一边上货，一边将不合格的产品筛出装箱，这些不合格产品最后一并销毁处理。当已经满足够多的水产后，下一步就是对水产在冰台上的造型进行优化，突出游动感，给消费者产品新鲜的感觉。需要注意的是，冰台上可以加一点绿叶蔬菜、鲜艳果实等，增加冰台的美观性。如图3-48所示。

图3-48 冰台陈列效果图

（3）养护冰台陈列的水产品。作为完整的生鲜水产冰台陈列步骤，还包括陈列持续过程中和陈列结束的操作。陈列时，不定时地在水产品表面洒水、撒冰，保持生鲜水产的相对湿度和冰度，防止脱水风干或升温变质。生鲜水产冰台陈列在喷水加湿时，可以考虑喷冰盐水，一方面盐水可以更好地为生鲜水产补充水分，另一方面配合灯光的照射，喷冰盐水的水产品显得更有光泽度，吸引消费者购买。

## 四、肉类的陈列

肉类的陈列是为销售做准备工作，为方便顾客购物，肉类的陈列要放在易拿、易看、易选择的地方。整齐而美观的陈列，更能吸引顾客，提高顾客购买欲望，增加销售，减少商品损耗。

1. 营业前的准备工作

（1）为迎接第一批顾客到来，开店前肉类陈列量要丰满，排面要整齐，要检查排面上的肉类，如果有品质不好的肉类应及时处理，包括肉类是否发生变质、包装是否完整、标示是否完整明确、肉汁或血水是否渗出等。

（2）商品种类要丰富，以便利性、多样性、变化性为原则。

（3）冷藏肉类陈列时单品要以单层、纵向为陈列原则，避免肉类重叠而影响冷气对流及挤压造成变形。

（4）卧柜陈列肉类时不得超出安全陈列线。

（5）肉类的标识要面向顾客，使顾客容易了解肉类的包装日期、单价、售价及重量。

（6）陈列时每一单品要用分隔板隔开，以明确种类，方便顾客挑选。如图3-49所示。

**图3-49　肉类陈列效果图**

（7）牛、羊、猪、鸡、鸭、内脏等肉类，要单独陈列一区域；系列肉类要陈列在一起。

（8）为突出肉色，展示柜的照明适用能发出浅红色灯光的灯管衬托肉类。棚板也可以铺上红色万通板，并经常擦拭干净。

（9）生、熟肉类必须分开存放，以避免互相污染细菌，造成肉类变质较快。随时检查品质，如有变色、变味及时挑出处理。

（10）肉类陈列时尽量以同样品质的肉陈列在一起。不同品质的肉类带菌多少也不一样，不良肉类和正常肉类放在一起，正常肉类变质速度就会加快。

### 2.营业中的注意事项

（1）要定时检查冷柜温度并记录。冷藏柜温度要控制在–1～3℃；冷冻卧柜一般在–18℃以下。如发现温度差异较大，又不是除霜时间，及时通知相关人员查看结果，视情况将肉类收回冷库，避免损耗。

（2）经常整理排面，始终保持排面整齐，并将肉类随时向前移动，避免前排有空隙以及及时补充货源。

（3）补货时新品要置于排面的后排，以维持先进先出的原则。

（4）包装不良品应立即换包装。在顾客挑选当中，肉类会遭到挤压出血水或保鲜膜脱落，都应立即处理。

（5）根据销售量不同，补货时要分三个时段陈列肉类。通常开店时陈列品面要充足，陈列数量要达到当日总销售量的40%～50%，叫作一次开店；中午时补货量为一天销售量的40%，叫作二次开店；傍晚时补货量为一天销售量的6%～20%，叫作三次开店。

（6）立式冷藏柜陈列肉类时应注意陈列顺序。通常立柜上段为小盒包装或畅销的肉类，中段通常是季节性商品，下段通常为体积大或大包装的肉类。

### 3.营业结束后的注意事项

（1）冷冻卧柜要加上盖板，以防止冷气外流、温度上升而造成肉类变质。冷藏卧柜里的肉类要收回冷库保鲜。

（2）肉类收回时，要用五段车或八段车盛装，避免肉类挤压在一起而造成肉类变质。家禽类收回后要拆包装敷冰保鲜。

（3）用温水对冷柜清洁卫生，清除血水、肉屑等。

## 五、熟食的陈列

对于熟食类商品，从开始营业到营业结束，都要保证商品的质量和陈列处于最佳状态。

### 1.面包类的陈列原则

（1）面包的陈列要遵循大致的分类原则，如普通咸甜面包、全麦面包、点心等。

（2）面包的陈列遵循先进先出的原则，先生产先陈列，商品必须符合质量要求且在保质期范围内。

（3）面包的陈列面积与销售量相匹配。

**2. 面包类的陈列标准**

（1）单品要分开陈列。

（2）排面上的商品要勤整理，保持道具干净。

（3）每个单品要保证最大货量为准。

（4）面包要有卖相，保证商品口感，商品呈金黄色。如图3-50所示。

**3. 面点类的陈列原则**

（1）遵循正确的陈列温度，按规定陈列（常温、加热、冷藏）。

（2）纵向陈列，便于顾客拿取。

（3）所有商品必须在保质期内销售。

（4）遵循先进先出原则。

（5）商品要有卖相，保证商品口感，商品要有新鲜感。

图3-50 面包类陈列效果图

**4. 面点类的陈列标准**

（1）商品要摆放整齐，并且要保证新鲜。

（2）单品要分开陈列。如图3-51所示。

（3）排面上的商品要勤整理，保持道具干净。

（4）每个单品要保证最大货量为准。

图3-51 面点陈列效果

（5）油炸商品要有卖相，保证商品口感，商品呈金黄色。

**5. 自制熟食类的陈列原则**

（1）商品必须陈列在正确的温度下。

（2）遵循商品大分类的基本原则，如炸类、烤类、卤水类、面点类等。

（3）熟食类商品的陈列必须经过质量检查，符合要求的才能出售；热熟食要实

图3-52 凉拌菜类陈列效果

行小时管理法，即每小时做一次质量检查。

（4）熟食商品的陈列面积必须与销售量相匹配。

（5）散装熟食陈列以丰满、整洁、色泽光亮为标准；包装熟食的陈列以包装整齐，丰满的单层或双层陈列为主。

（6）熟食的陈列环境、陈列方式必须符合商品的陈列要求和清洁卫生要求。

#### 6. 自制熟食类的陈列标准

（1）商品要摆放整齐，并且要保证新鲜。

（2）单品要分开陈列。如图3-52所示。

（3）排面上的商品要勤整理，保持道具干净。

（4）单品要保证最大货量为准。

#### 7. 熟食正常陈列规范

不同熟类食品的正常陈列规范各不相同。

（1）烧烤类。烧烤类的陈列温度为60℃，销售期限为1天。其陈列要求如图3-53所示。

**1** 烤烧类商品出炉时间设为：营业前

**2** 烤烧类商品不得挤压

**3** 烤烧类商品保质期为一天，排面上不得有隔日商品

**4** 烤烧类商品开店，加工基本陈列量

**5** 烤烧类商品每日19:00以后可以缺货，20:00可以空排面（海报商品除外）

图3-53 烧烤类的陈列要求

（2）炸类。炸类的陈列温度为60℃，销售期限为1天。其陈列要求如图3-54所示。

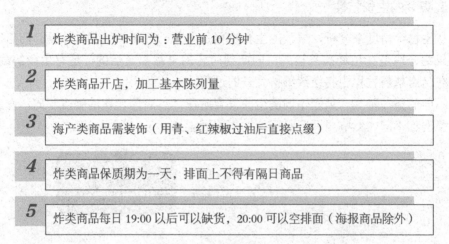

图3-54　炸类的陈列要求

（3）卤煮炒、酱类。卤煮炒、酱类的陈列温度为0～4℃或常温，销售期限为1天。其陈列要求如图3-55所示。

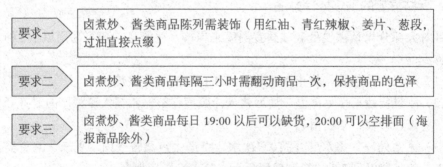

图3-55　卤煮炒、酱类的陈列要求

## 第五节　商品鲜度管理

生鲜食品的经营是一项技术含量高、管理要求严的专业工作，如有不慎，容易造成损坏和变质，营养品质下降。生鲜食品的新鲜度是消费者共同关注的首要问题，也是生鲜店经营的立足点。

## 一、果蔬鲜度管理

### 1. 果蔬的生长特性

从生物学角度来分析，果蔬的生长过程是发芽、开花、结籽、枯萎。门店所销售的果蔬一般是在枯萎前采摘的，因此到门店的果蔬都是活的，是有生命的载体，它们在门店销售过程中将继续维持生长的过程。

不同的果蔬种类，处于不同的生长发育阶段，其新陈代谢的强度不同，呼吸作用的强弱也不同。影响果蔬呼吸强度的重要因素如图3-56所示。

**图3-56　影响果蔬呼吸强度的重要因素**

### 2. 保持鲜度的现场处理办法

针对大部分果蔬需要低温或适宜温度来保鲜，生鲜店一般可采用以下5种方法来保鲜。

（1）用保鲜袋包装。防止水分蒸发，并有孔洞使其散热。

（2）刚进货蔬菜尽早降温。要尽快入冷藏库保鲜，不需入冷藏库的要打开包装散热（香蕉、菠萝、哈密瓜）。

（3）冰水处理。将水槽盛满0℃冰水，将产生热量较大的（玉米、毛豆类）全部浸入，使其降温到7～8℃，然后沥干水分入冷藏库保存。

（4）复活处理法（适宜叶菜）。将失水叶菜放入一般水温水槽中，吸收水分，根部也要浸入，使其复活。

（5）增加相对湿度法。在陈列架上的蔬果特别是叶菜、花果类，在室温下会加快变质、枯萎，需要经常喷冷水降温及保持相对湿度。

### 3. 陈列商品鲜度检查及处理

生鲜商品鲜度不佳会招致顾客的抱怨，影响销售，因此做好鲜度检查是生鲜店的重要工作，具体如下。

（1）上货补货时全数检查质量。进货时一般是抽验，上架时则要全数检查，将不良品挑拣出来。

（2）营业前也要检查前一天剩余的蔬果的品质状况，检查当日上货架蔬果质量。

（3）顾客对商品进行挑拣、捏压都会影响鲜度，商品也会因陈列的时间加长而使品质劣化，所以各岗位员工应随时进行陈列整理和挑选；若相对湿度不够，则要经常喷水。

（4）被拣出的不良品及时处理，可以进行加工再售，制作果盘或复活处理，也可以特价售卖，无法售卖的商品再做报损丢弃。

（5）每日蔬果产品务必推陈出新。

## 二、肉类鲜度管理

肉类制品的鲜度管理非常重要，只有良好的鲜度管理才能获得消费者的肯定，满足顾客需要，促进肉类的销售，提高营业额，否则只会增加损耗。肉类鲜度管理的措施如图3-57所示。

·从选择原料厂商开始
·尽量缩短肉类加工时间
·保持肉类加工的正确方法
·保持陈列现场肉类的鲜度
·要以低温方式储存
·控制室内的温度
·要以适当的材质覆盖肉类原料及成品

·控制岛柜温度
·要注意适当的陈列高度
·检查肉类品质
·减少污染源
·生产日期与保质期控制
·日进日出天天新鲜
·滞销商品及时处理

**图3-57　肉类鲜度管理的措施**

### 1. 从选择原料厂商开始

一般要选择有规模、有制度的正规厂商，其肉类质量、运送效率和屠体货源都要有保障，故牛、羊肉的冷冻原料应选择规模较大的贸易商；猪肉、家禽等冷藏原料肉，则选择具有优良肉类制品的厂商，这样才能使原料鲜度得到保证。

### 2. 尽量缩短肉类加工时间

为了维持肉类鲜度，应尽量避免将肉类长时间暴露于常温中，肉类在常温中20分钟，其温度即可上升2℃，细菌也会随着温度的上升而繁殖。在37℃下，5个小时可以使1个细菌增生到10亿个，肉类在停止加工后要立即送回冷库保鲜。

**3. 保持肉类加工的正确方法**

肉类加工时要按一定的工作流程操作，每一工作环节要有专人负责。

**4. 保持陈列现场肉类的鲜度**

保持肉类鲜度的现场处理方法如下。

（1）冷盐水处理法。这是肉类保鲜常用的方法，是以0.9%左右的冷盐水，水温在0℃左右，浸泡原料肉约15分钟，鸡肉5～10分钟，内脏10分钟，以达到保鲜效果。这种处理方法的好处如图3-58所示。

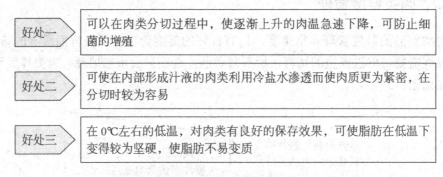

**图3-58　冷盐水处理法的好处**

（2）冰温法。利用调整原料肉的冷藏温度，使之接近肉的冻结温度，最适宜温度约为-1.7～0℃。

**5. 要以低温方式储存**

低温可以抑制细菌的繁殖，故为维持肉类的鲜度，无论是原料、半成品或成品均要以冷冻、冷藏方式储存。其注意事项如下。

（1）在加工处理前，都要预冷10～15分钟。

（2）冷冻肉类应在-18℃以下的冷冻库储存，冷藏肉类应在-1～1℃之间的冷藏库储存。

（3）冷库内储藏的肉类不要堆积过高，且不要紧贴墙面，须离墙面5厘米以维持冷风正常循环，否则会影响品质。

（4）冷库内要用货架放置肉类。

**6. 控制室内的温度**

肉类在低温下加工处理是维护肉类鲜度的良好方法，低温下可以抑制细菌的繁殖，使肉类不易变质，处理室内的温度要控制在10～15℃。

### 7. 要以适当的材质覆盖肉类原料及成品

肉类表面如果长时间受冷气吹袭，表面水分很容易流失，而产生褐色肉，损害口感，因此分装原料肉时要用塑胶布盖上或保鲜膜包装后再储存。

### 8. 控制岛柜温度

冷冻柜温度应控制在–18℃以下，冷藏柜温度控制在0～5℃。

### 9. 要注意适当的陈列高度

陈列时，肉类勿堆积太高，因为重叠部分温度会增高，无法感受冷藏温度，从而影响肉类鲜度。

### 10. 检查肉类品质

无论在营业前、营业中、关店时均应检查肉类品质，不良品及时处理。肉品鲜度检查可通过以下4种感官方法检视。具体内容如表3-26所示。

表3-26　肉品鲜度检查方法

| 序号 | 方法 | 具体操作 |
|---|---|---|
| 1 | 看颜色 | （1）肉品最初呈鲜红色，短时间与空气接触后仍呈鲜红色<br>（2）如果长时间暴露在空气中，肉色会变成褐红色或灰褐色，此时即表示鲜度欠佳<br>（3）如果已呈绿色或黑色，则表示肉品已腐坏 |
| 2 | 嗅味道 | 如果肉品有异味，即表示鲜度不佳 |
| 3 | 检查表面状态 | （1）如果感觉水分较多，甚至有水滴滴下，即表示肉品的质量差，而且吃起来没有味道<br>（2）如果肉品的表面干燥且肉色暗红，这也是异常现象，这时的肉品很可能腐坏 |
| 4 | 检查肉品组织的弹性 | 新鲜肉品组织的弹性佳，手轻按后形成的凹陷能很快恢复；松软、无弹性的肉品表示鲜度较差 |

### 11. 减少污染源

要经常实施作业场所、个人、设备等卫生管理，以减少商品污染。具体措施如图3-59所示。

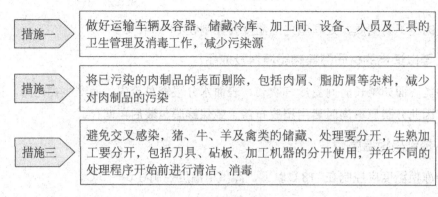

图3-59　减少污染源的措施

### 12.生产日期与保质期控制

收货时要注意生产日期与保质期，特别是冻品、干货，超过保质期限1/3则不应收货。

### 13.日进日出天天新鲜

肉类必要时要降价清空，做到日进日出，以良好的商品流转保证肉类天天新鲜。

### 14.滞销商品及时处理

滞销商品要及时处理，可按照图3-60所示的程序进行处理。

图3-60　滞销商品处理程序

## 三、水产品的鲜度管理

水产品在捕捞出水后，大部分都不能及时处理，比较容易腐败变质的内脏及鱼鳃等，就会随着水产品一起运送。捕捞的时候，水产品由于挤压和挣扎，其体内或体外都极易受伤，即使将水产品作低温保存，对水产品产生作用的水中细菌仍然会侵入肌肉使水产品的品质变坏，再加上产品本身的肌肉组织、成分、特性都比陆上动物脆弱，容易受伤，鱼鳞易脱落，细菌极易从受伤部位入侵。另外由于水产品的体表普遍都带有黏液，更加容易助长细菌的繁殖，况且水产品的肌肉在死后因为本身具有的各种酶素作用比陆上动物的活泼，使水产品的肉质容易变坏，所以必须迅速加以适当的处理才能确保水产品的鲜度。

### 1. 鲜度管理的现场处理方法

水产品鲜度管理的有效方法是"低温管理"，因为低温可缓和鲜鱼的酵素作用以及抑制细菌繁殖作用。低温管理的方法有以下3种。

（1）敷冰。敷冰是以碎冰（或片冰）覆盖于鱼体，温度保持在5℃以内。具体操作如图3-61所示。

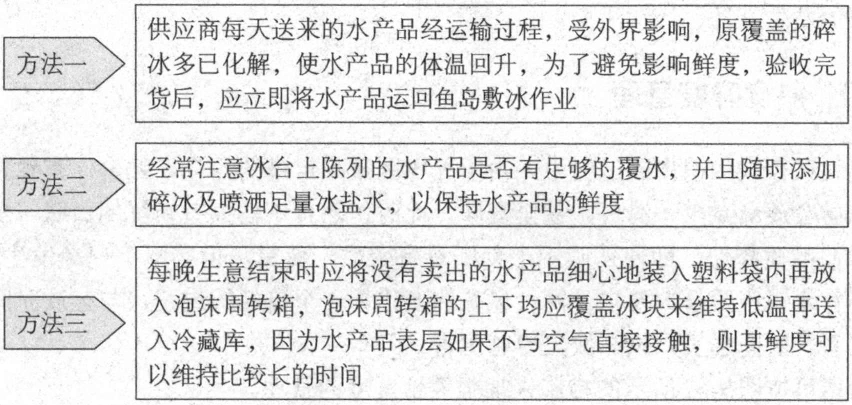

方法一　供应商每天送来的水产品经运输过程，受外界影响，原覆盖的碎冰多已化解，使水产品的体温回升，为了避免影响鲜度，验收完货后，应立即将水产品运回鱼岛敷冰作业

方法二　经常注意冰台上陈列的水产品是否有足够的覆冰，并且随时添加碎冰及喷洒足量冰盐水，以保持水产品的鲜度

方法三　每晚生意结束时应将没有卖出的水产品细心地装入塑料袋内再放入泡沫周转箱，泡沫周转箱的上下均应覆盖冰块来维持低温再送入冷藏库，因为水产品表层如果不与空气直接接触，则其鲜度可以维持比较长的时间

**图3-61　敷冰的操作方法**

（2）冷藏。以冷藏库设备来低温保存水产品，冷藏库的正常温度为0℃，要注意千万别让水产品裸露出来吹冷气。

（3）冷冻。以冷冻库设备来低温保存水产品，冷冻库的正常温度为–18℃以下。

### 2. 低温管理的内容

对于现场中的低温管理，要注意以下要点。

（1）严格要求供应商低温运送，不要产生冷却中断现象，温度容易破坏水产品的肌肉组织，从而影响其鲜度及品质。

（2）验收货与加工处理时应尽量减少水产品在常温中的裸露时间。

（3）水产冰鲜品，表面温度应维持5℃以下。

（4）待处理的水产品应该是存放冷藏、冷冻库内，生熟分开，分类存放。

（5）冷冻品解冻时需要在低温下进行，解冻时间应缓慢才能确保品质。在加工前一天，将冷冻水产品移至冷藏库中，使其温度升高到0℃左右，然后再进行处理。

（6）冷冻水产品若要加工，最佳时间为鱼体尚未完全解冻前即应加工处理。

（7）冷藏库（柜）温度设定在–2～2℃之间，冷冻库（柜）温度设定在–25～–18℃之间，并定期检查库温。

（8）冷冻（冷藏）水产品存放不可以超过冷冻（藏）库的安全线（送、回风口），冷冻（藏）库（柜）必须定期清洁与清洗，任何水产品都不可以二次冷冻。

（9）如果条件允许，操作间的温度应该控制在15℃以下。

（10）要求加工处理、包装要迅速，以免商品温度升高。已包装好的成品应该立即送入展示柜或冷冻库。

（11）检查到有鲜度不良或有异味的水产品应立即从冷冻（藏）库（柜）中剔除，避免发生交叉、连锁污染。

## 四、熟食鲜度管理

熟食在存放和销售的过程中，由于外界因素和自身的变化，熟食原有独特的风味、口感会逐渐减少、消失，甚至变味。此时，熟食不再拥有新鲜的口味，食品鲜度下降，品质降低，即使从眼观上判断没有变酸、变臭，但实际上已经发生变质，也就不符合销售质量的要求。熟食风味的变化是一个自然的过程，与存放时间有密切的关系，时间越长，风味散失得越厉害。

门店可按图3-62所示的措施来加强熟食鲜度的管理。

**图3-62　加强熟食鲜度管理的措施**

### 1.时间管理法

细菌在15℃以上的适宜温度下，一天的繁殖足可以使食品发黏变质。大部分的中式熟食陈列在常温下，这一温度，恰好是细菌最容易繁殖的温度段。因此规定热熟食的保质期最多是1天。1天并不是一个保险时间，如果外界环境的温度过高（如炎热的夏天）或食品制熟时受细菌污染比较严重，熟食制品就会在几小时内变质。

**开店秘诀**

正确的时间管理法是小时管理法，所有销售的熟食都必须立即生产、立即销售，且每一个小时必须对产品质量进行检验。

## 2. 温度管理法

科学研究表明，熟食中含有导致肠道传染病的大部分细菌，在62℃以上的高温加热15~30分钟，即可杀死。所以在制作、陈列熟食的过程中，通常采用温度法来消灭细菌。但对于凉菜，加热则导致其风味的彻底损坏，凉菜的控制方式应当采取低温的方法，在0~5℃之间，细菌的繁殖降到最低，可以延长食品的保质期。

对于熟食存放的温度与时间的把控，可以参考表3-27所示的指标。

表3-27　熟食温度、时间管理指标

| 品项 | 温度要求 | 陈列时间 | 极限时间 | 售卖方式 |
|---|---|---|---|---|
| 烤熟食 | 62℃以上 | 4小时 | 1天 | 柜中 |
| 炸熟食 | 62℃以上 | 4小时 | 1天 | 柜中 |
| 卤熟食 | 20℃左右 | 2小时 | 半天 | 柜中、包装 |
| 中式熟食 | 25℃左右 | 2小时 | 1天 | 包装 |
| 中式热菜 | 30~50℃ | 4小时 | 半天 | 柜中 |
| 中式面点 | 30~50℃ | 6小时 | 1天 | 柜中、包装 |
| 凉菜 | 0~5℃ | 1天 | 2天 | 柜中、凉台 |

## 3. 质量管理法

（1）熟食的质量要求。对熟食的质量要求，包括色、香、味、形四个方面，具体如图3-63所示。

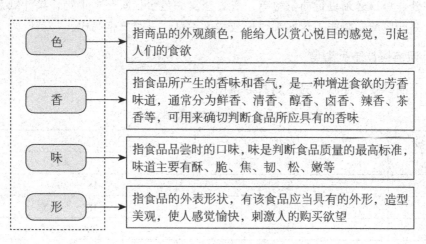

图3-63　熟食的质量要求

（2）熟食的质量标准。生鲜店应制定相应的熟食质量标准，以保证熟食的新鲜、卫生、安全。

## 五、日配品的鲜度管理

日配品主要是指保质期在30天以内的食品，主要包括面包、牛奶豆浆、火腿肠、包装熟食、低温储存的小菜豆制品、冷冻面点、冷冻蔬菜、冰品、冷冻水产等。其鲜度管理措施如图3-64所示。

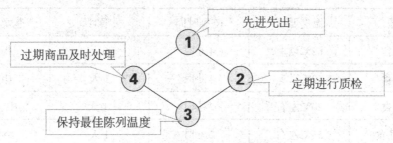

图3-64　日配品的鲜度管理措施

### 1.先进先出

日配商品在仓库码放必须标明生产日期，以便在出货时能做到保质期越短越先出货，避免造成商品鲜度下降，增加损耗。

### 2.定期进行质检

日配商品除了保质期是一种鲜度依据外，其储存温度也是影响鲜度的重要因素。

此外，每日必须进行质量检查：看真空食品是否已脱空；牛奶、果汁纸盒是否漏气，开始发酵、膨胀。这些都可造成鲜度不良，必须严格筛检。

### 3.保持最佳陈列温度

日配品鲜度最佳储存温度如表3-28所示。

表3-28　日配品最佳储存温度

| 序号 | 品项 | 标准温度 |
| --- | --- | --- |
| 1 | 牛奶、果汁、乳酪 | 0～4℃ |
| 2 | 蛋类 | 18～20℃ |
| 3 | 冷冻食品 | −18～−20℃ |
| 4 | 冰品 | −20～−25℃ |
| 5 | 腌菜、肠、肉类 | 4～8℃ |

### 4. 过期商品及时处理

根据日配品容许期限一览表检查，对于快过期商品，可以采用图3-65所示的方法予以处理。

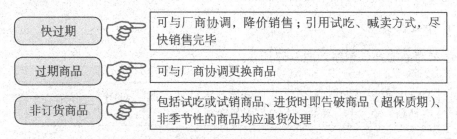

| 快过期 | ☞ | 可与厂商协调，降价销售；引用试吃、喊卖方式，尽快销售完毕 |
| 过期商品 | ☞ | 可与厂商协调更换商品 |
| 非订货商品 | ☞ | 包括试吃或试销商品、进货时即告破商品（超保质期）、非季节性的商品均应退货处理 |

**图3-65　过期商品的处理方法**

## 第六节　商品销售管理

凭借陈列面的装饰、商品品质、表面颜色、排面的丰富感及整齐感，各种无言的销售方式，能够激起顾客的购买欲，以达到商品促销效果。因此，生鲜店要做好生鲜食品的销售管理，包括理货、补货、标价等工作。

### 一、商品排面整理

商品排面管理是生鲜店的一项基础性管理，商品排面管理不仅是维护排面的清洁、美观及饱满度，而且对补货、标价签的规范也起到重要的作用。在进行排面整理工作时要注意图3-66所示的要点。

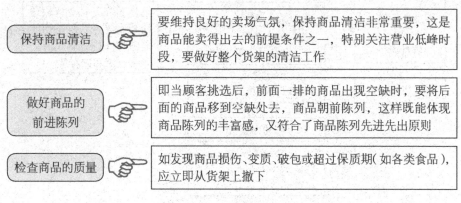

| 保持商品清洁 | ☞ | 要维持良好的卖场气氛，保持商品清洁非常重要，这是商品能卖得出去的前提条件之一，特别关注营业低峰时段，要做好整个货架的清洁工作 |
| 做好商品的前进陈列 | ☞ | 即当顾客挑选后，前面一排的商品出现空缺时，要将后面的商品移到空缺处去，商品朝前陈列，这样既能体现商品陈列的丰富感，又符合了商品陈列先进先出原则 |
| 检查商品的质量 | ☞ | 如发现商品损伤、变质、破包或超过保质期（如各类食品），应立即从货架上撤下 |

**图3-66　排面整理的要点**

## 二、商品补货管理

补货是指理货员将标好价格的商品，依照商品各自既定的陈列位置，定时或不定时地将商品补充到货架上去的作业。

### 1. 补货顺序

生鲜商品的补货顺序如图 3-67 所示。

图 3-67　生鲜商品的补货顺序

### 2. 补货流程

生鲜商品的补货流程如图 3-68 所示。

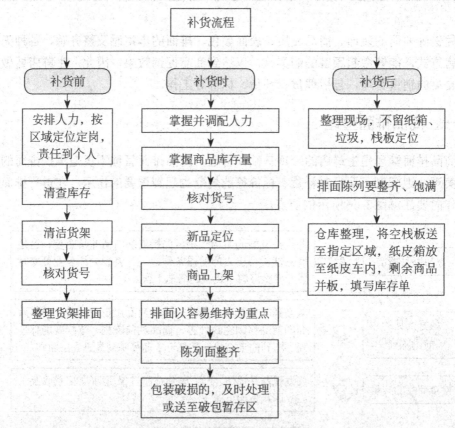

图 3-68　生鲜商品的补货流程

## 3. 补货要求

生鲜商品补货的要求如表3-29所示。

表3-29　生鲜商品补货的要求

| 序号 | 类别 | 要求 |
|---|---|---|
| 1 | 蔬果 | （1）补货时要遵循先进先出的原则<br>（2）整理排面比补货优先，不可因补货不及时而忽略排面整理<br>（3）存放在库房外的货品先补，然后再补库房内的货品<br>（4）整理时将不可继续售卖的蔬菜收回，报损，如已变质、受损、破包、过期或接近过期、条码错误、受污的商品<br>（5）补货前后都必须做好蔬菜陈列架、冷藏柜的清洁，保持良好的商品"卖相"<br>（6）利用地车、周转箱、周转筐等工具补货<br>（7）货品码放在栈板上时，重的、体积大的放在下层，体积小、易碎的放在上层，交叠码齐<br>（8）补货时，货品尽可能靠近陈列架，留出通道，以免影响顾客，补货完毕迅速将地车、栈板、纸箱、剩余商品归回规定的位置<br>（9）补货中注意是否与价格牌、价签对应<br>（10）蔬菜、水果补货时务必轻拿轻放，不可重摔、碰撞 |
| 2 | 肉类 | （1）补货时要遵循先进先出的原则<br>（2）补货时要以不影响顾客购物为原则，避开高峰期补货，补货要迅速及时<br>（3）补货时要注意肉的品质，品质不好立即剔除另行处理；排面随时整理，肉类有血水立即擦去，检查肉类是否与价格卡对应、价格是否正确；补货时不可将冷柜出风口挡住<br>（4）平时补货以不见底为原则，即单层陈列；促销品需扩大陈列排面，要饱满、有量感；晚上补货须注意销售量，以不缺货、可代替性、整齐、清洁为原则<br>（5）遵守肉类三阶段补货原则 |
| 3 | 水产 | （1）补货时应遵循先进先出的原则<br>（2）水产补货，将陈列时间较长的、品质好的商品先取下，补进新货，再将这部分放在最前边或上面，以保持商品先进先出原则<br>（3）段块鱼肉与刺身鱼肉均属于鲜度敏感商品，应采用量少勤补的补货原则<br>（4）水产部的补货先由补冰鲜水产品作业起，再补冷藏（冻）水产品，最后补水产干货<br>（5）补货时务必注意水产品的包装日期与质量的变化，核对品名、价格是否一致 |

| 序号 | 类别 | 要求 |
|---|---|---|
| 3 | 水产 | （6）鲜度不良的水产品应该立即除去，以免影响其他商品在顾客心目中的印象<br>（7）冷冻（藏）商品陈列时不可超过安全线（送、回风口），并注意除霜时间及次数<br>（8）补货完毕，务必清理台面（陈列台）周边水渍或垃圾 |
| 4 | 熟食 | （1）补货时应遵循先进先出的原则<br>（2）一般情况下，待商品销售2/3时，才开始加工生产第二次商品<br>（3）一般情况下，应是先整理排面，后进行补货动作<br>（4）堆积在冷藏、冷冻库或者仓库外的商品先优先补货，再补库房内的商品<br>（5）保质期短的商品优先补货，保质期长的商品后补货<br>（6）商品品质寿命短的或者快变质的优先补货<br>（7）促销品和正常商品同时缺货时，应优先补促销品<br>（8）自制熟食，补货时要注意杯盘是否干净 |

说明：1.所谓"先进先出"是指先进到卖场的商品首先陈列于排面上贩卖、出售，待销售完后，再陈列后到的商品。

2.进行货架补货时，应先把里面的旧商品往外面移动，把新鲜刚补的新商品陈列在里面或把下面（底层）的旧商品移动，把新鲜刚补的商品放在下面（底层），然后再把旧的商品摆放在新鲜商品的上面售卖。

**4.补货注意事项**

生鲜员工在补货时，要注意以下事项。

（1）收掉不可贩卖的商品——已变质、受损、破包、血水渗出、受污、过期、条码有错误或不清楚的商品。

（2）补货前先整理并维持陈列架或冷冻、冷藏柜的清洁，保持良好的商品卖相。

（3）利用托板车、八段车、五段车及各种周转箱等工具补货。

（4）货物叠放在栈板上时，注意重的、体积大的放在下层，体积小、易碎的在上层，尽可能互相交叠整齐。

（5）一人一栈板，纸箱、周转箱均不落地。

（6）补货商品尽可能靠近陈列架，避免影响顾客购物。补货完毕后，速将托板车、栈板、纸箱及剩余商品归回定位。

（7）缺货时请保持空货架状态，并使用"暂时缺货卡"（日配适用）。

（8）补货完毕后需注意价签是否对齐，品名、价格是否正确。

（9）补货时商品要轻拿轻放，避免重摔。

## 三、商品计量管理

计量是指将生鲜品放在电子秤上进行称量。计量的工具有案秤、台秤、字盘秤、电子秤等。在卖场使用的主要是电子秤，电子秤称量商品的操作步骤如图3-69所示。

| 第一步 | 使用前应把秤放在平整坚固的台面上，调整好水平（观察水平仪中的水泡是否位于中央），如不平可调整秤脚 |
| --- | --- |
| 第二步 | 开启电源开关，出现零位指示后，表示秤已进入工作状态 |
| 第三步 | 称重时将商品放在秤盘中央，按数字键输入单价后，商品的重量、单价、金额显示板均显示出数字 |
| 第四步 | 如顾客同时购买几种不同价格的商品并要计算总金额时，可在每次放上商品置入单价后，再按一下"累计"键，累计次数和累计金额就在单价显示板和金额显示板上显示出来，这里重量窗不显示，称量完毕，必须按清除键清除 |
| 第五步 | 如在称商品时需要放置包装物，则先将包装物置于秤盘上，按"去皮"键，显示器显示零（如改变皮重或清除皮重，可在更换包装或去掉包装物后按"去皮"键，则会自动改变或清除） |
| 第六步 | 如输入单价有误，可按"清除"键清除，然后重新输入新单价，也可直接输入新单价，原单价即自动清除 |

图3-69　电子秤称量商品的操作步骤

## 四、商品标价管理

商品标价是指在商品或服务等各项指标基础上标示的价格水平或收费标准，是向消费者公布商品价格和服务价格的一种方式。

1. 标签打贴的位置

标签打贴的位置通常如下。

（1）一般商品的标签位置最好打贴在商品正面的右上角（因为一般商品包装其右上角无文字信息），如右上角有商品说明文字，则可打贴在右下角。如图3-70所示。

**图3-70　贴好标签的商品**

（2）礼盒则尽量使用特殊标价卡，最好不要直接打贴在包装盒上，可以考虑使用特殊展示卡。因为送礼人往往不喜欢受礼人知道礼品的价格，购买礼品后他们往往会撕掉其包装上的价格标签，由此可能会损坏外包装，破坏了商品的包装美观。

**2. 标价作业的注意事项**

标价作业的注意事项如下。

（1）一般来说，门店内所有商品的价格标签位置应是一致的，这是为了方便顾客在选购时对售价进行核对，也是为了方便收银员核价。

（2）打价前要核对生鲜商品的代号和售价。

（3）价格标签纸要妥善保管。为防止不良顾客更换标签，即以低价格标签贴在高价格商品上，通常可选用仅能一次使用的、有折线的标签纸。

（4）任何商品都必须做到明码实价，对散装冰冻水产品（包括无定量包装的简装或裸卖的产品）应当在物价标签上（旁）标明该种散装冰冻水产品的含冰量（也可在简装商品包装上标明该包水产品的含冰量）。

**3. 变价作业**

变价作业是指生鲜品在销售过程中，由于某些内部或外部环境因素的发生，而进行调整原销售价格的作业。变价作业的注意事项如下。

（1）在未接到正式变价通知之前，不得擅自变价。

（2）做好变价商品标价的更换工作，在变价开始和结束时都要及时更换商品的物价标牌以及贴在商品上的价格标签。

（3）做好商品陈列位置的调整工作。

（4）要随时检查商品在变价后的销售情况，注意了解消费者的反应，做好由于商品销售低于预期而造成商品过剩的具体处理工作。

（5）商品价格调整时，如价格调高，则要将原价格标签纸去掉，重新打价，以免顾客产生抗衡心理；如价格调低，可将新的标价打在原标价之上。

## 第七节　商品损耗管理

生鲜是高损耗产品，尤其是蔬菜水果等产品。生鲜店如何控制损耗对能否盈利有着重要影响。生鲜虽然是生活刚需品，购买频率较高，但是本身却并不暴利。损耗降得越低，成本控制得越好，利润空间就越大。

### 一、蔬果损耗控制

水果、蔬菜损耗是影响店面能否盈利的关键。蔬果种类越多，其损耗就越难控制，尤其是对于一些进口的水果损耗，如果店主不能很好地控制自然损耗，店面就很难盈利。蔬果损耗控制可以从图3-71所示的5个方面着手。

**图3-71　蔬果损耗控制措施**

#### 1.合理订货

果蔬订货应考虑图3-72所示的因素。

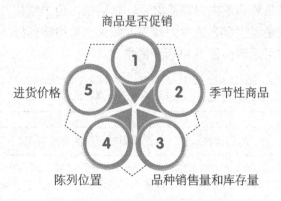

**图3-72　合理订货应考虑的因素**

**开店秘诀**

在确定以上因素后再进行合理订货，可以减少不必要的库存损耗。

### 2. 收货控制

控制好商品进货环节中的细节问题，如新鲜度、规格、数量，这样果蔬商品在陈列前，品质就得到了保证。员工在收货时，要对商品进行严格把关，判断商品是否完好、是否新鲜，在外观、质量等各方面都要仔细地确认，这样才能保证进货的质量。

### 3. 存货保鲜

收货完毕时要进行适宜的存货保鲜。水果、蔬菜作为商品，从表面上看，似乎停止生长，但实际上却依然进行着复杂的生理变化（呼吸作用），同时随着变化的进行，水果、蔬菜的营养成分和食用质量也在逐渐下降。水果、蔬菜的这个特点决定了果蔬经营的难度，同时也要求生鲜店必须做好保管保养工作。具体措施如图3-73所示。

| 要减少水果的腐烂变质，就需要对蔬果鲜活的特性加以了解，根据不同的品种采取不同的保管方法，比如采用直接冷藏法、散热处理法、冰盐水处理法等，对商品进行存货保鲜 |  措施一<br>措施二 | 对于部分没有冷藏库的中小型门店，可以将部分易损耗的品种放在有空调的房间并盖上湿布，在营业结束后放入冷藏展示柜进行保存保鲜，尽量减少不必要的损耗 |
| --- | --- | --- |

**图3-73　存货保鲜的措施**

### 4. 陈列吸引

蔬菜、水果是生鲜店的主力商品之一，它们在门店的整体产品中虽然不是盈利的主力产品，但却是吸引顾客的主力商品，蔬菜水果的陈列好坏对门店来说是至关重要的。陈列吸引可采取如图3-74所示的措施。

**1** 要保证水果蔬菜的清洁和顾客挑选的便利

**2** 要把细加工的果蔬摆放整齐，这样更能显出果蔬的高品质

**3** 对果蔬的陈列要显示出分类摆放、丰满陈列、色彩搭配、季节性的原理

**图3-74　陈列吸引的措施**

## 5. 合理定价

有了好的商品质量，价格也就能合理制定，但是在制定价格的时候，也不能漫天要价。应先了解市场的行情，再根据消费者的购买习惯和购买量来制定科学合理的价格。

## 二、肉类损耗控制

对于肉类的损耗控制管理要主抓以下 2 个方面。

### 1. 严格控制收货和验货

严格控制收货和验货的措施如图 3-75 所示。

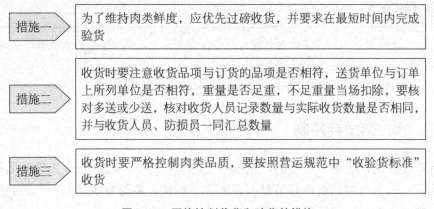

措施一　为了维持肉类鲜度，应优先过磅收货，并要求在最短时间内完成验货

措施二　收货时要注意收货品项与订货的品项是否相符，送货单位与订单上所列单位是否相符，重量是否足重，不足重量当场扣除，要核对多送或少送，核对收货人员记录数量与实际收货数量是否相同，并与收货人员、防损员一同汇总数量

措施三　收货时要严格控制肉类品质，要按照营运规范中"收验货标准"收货

**图 3-75　严格控制收货和验货的措施**

### 2. 正确营运管理

（1）肉类收货后，除现场展示外，其余肉类一律放入冷库保鲜，以确保肉类品质。且肉类加工处理速度要快，使其尽快商品化。

（2）肉类加工处理时应由专业人员操刀，要按照正确的加工流程操作，并且每一流程有专人负责。

（3）门店要派人定时检查肉类品质，定时回收散货。因销售差或因顾客挑选时不慎造成的损耗及品质劣化，及时降价出售，或做加工处理，如原料肉绞肉馅、转熟食等。

（4）订货量要准确，且要做到先进先出的原则。

（5）对于较易变质且回转率太低的商品，考虑是否出售或减少订货量。

（6）要经常做市场调查，使商品售价适合市场行情，提高售价吸引力，增加销售量，从而降低损耗。

（7）肉类要维持适当的库存量，滞销商品、季节性商品及时处理，到货商品及时陈列等，一般肉类库存量要保持在1.5天，过多会造成商品积压，过低会影响业绩。

（8）盘点要正确，杜绝弄虚作假，不要多盘或漏盘，要做好盘点前的准备工作，将部门转货、内部转货录入完毕。

（9）肉类卫生条件的加强也可降低损耗，包括环境卫生、个人卫生、设备卫生等，可防止细菌的繁殖，有利于肉类保存。

（10）肉类展示柜要及时检查温度，当温度不正常时，对肉类的保鲜造成很大影响。肉类变质，易造成损耗。

💡 **开店** 秘诀

> 当肉类外部发现有黏液，颜色变暗、变灰或微绿色，手指挤压已无弹性，有腐臭味及边角废料已无利用价值时，需及时报废。

## 三、水产品损耗控制

水产损耗的产生是多方面的，从水产品的验收 → 鲜度处理 → 加工处理 → 陈列销售，这一过程中的各个环节都有可能发生损耗，要想有效降低水产品的损耗，就必须在各个加工处理环节中严格加以控制。

### 1. 水产品重量控制

水产品重量控制措施如图3-76所示。

验收鲜活水产品时一定要将水和周转箱的重量扣除，扣水标准为水珠不能成线滴下为准

措施

验收冰鲜（冻）水产品时同样要扣除水分（冰）和周转箱的重量

图3-76 水产品重量控制措施

因为不同的冷冻水产品有不同的含冰量,可事先将同类商品自然解冻来测试其含冰量。

### 2. 水产品的品质与规格

由于水产品因鱼体规格的大小不同,其价格的差异性也相当大,因此验收时,一定要详细核对订单上描述的规格。

### 3. 鲜度管理与加工处理

做好水产品的鲜度管理与加工处理,良好的鲜度管理与专业的加工处理均可降低损耗。

### 4. 销售与报废

鲜度下降的降价销售与腐败变质丢弃是造成水产品损耗的主要原因之一,鲜度稍有些下降的商品,没有变质的可以通过细加工处理成另一种商品出售,如做成配菜、丸类等,来减少损耗。

### 5. 水产品报废标准

水产品报废标准,具体如图3-77所示。

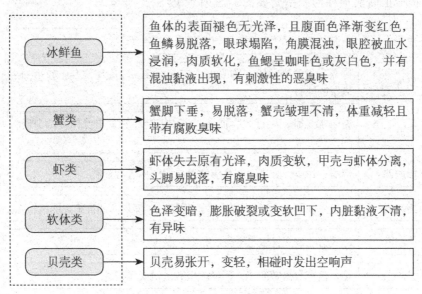

| | |
|---|---|
| 冰鲜鱼 | 鱼体的表面褪色无光泽,且腹面色泽渐变红色,鱼鳞易脱落,眼球塌陷,角膜混浊,眼腔被血水浸润,肉质软化,鱼鳃呈咖啡色或灰白色,并有混浊黏液出现,有刺激性的恶臭味 |
| 蟹类 | 蟹脚下垂,易脱落,蟹壳皱理不清,体重减轻且带有腐败臭味 |
| 虾类 | 虾体失去原有光泽,肉质变软,甲壳与虾体分离,头脚易脱落,有腐臭味 |
| 软体类 | 色泽变暗,膨胀破裂或变软凹下,内脏黏液不清,有异味 |
| 贝壳类 | 贝壳易张开,变轻,相碰时发出空响声 |

图3-77　水产品报废标准

## 四、熟食（面包）损耗控制

熟食（面包）损耗控制可从以下3个方面着手。

### 1. 严格管制收货、验货

严格管制收货、验货的措施如图3-78所示。

| | |
|---|---|
| 措施一 | 外制熟食品收验货需扣除皮重，扣除进场后加工处理的漏失部分（试验出一个标准，按比例扣除） |
| 措施二 | 外制面包收、验货应注意规格是否正确、商品是否受损、保质期的天数 |
| 措施三 | 冻品称重时要扣除纸箱、冰块的重量，以货品净重为准 |
| 措施四 | 控制好商品的订货量 |
| 措施五 | 外制商品退货要准确，一般情况只能销售一天，第二天退货，避免产量过多，造成损耗 |

**图3-78　严格管制收货、验货的措施**

### 2. 自制加工商品损耗

自制加工商品损耗控制措施如图3-79所示。

| | |
|---|---|
| 措施一 | 自制加工商品须依据每日订单量来加工生产 |
| 措施二 | 进入卖场的商品除了陈列外，应入冷藏、冷冻库储存（包括加工剩余的原料） |
| 措施三 | 原料加工时，尽量减少损失，应依据商品的食谱操作，减少调料的浪费 |
| 措施四 | 烤类、炸类、腌制的商品应按酱料的比例进行腌制 |
| 措施五 | 每日应间隔30分钟回收一次散货商品，加强内部管制，严禁偷吃 |
| 措施六 | 每天营业前应检查电子秤、打标机是否正常 |
| 措施七 | 每月盘点数据要准确，严禁虚报数量增大库存量 |

措施八　时段促销（清仓），如商品品质寿命不长时，应立即作清仓处理，避免全部报损

措施九　按先进先出的原则进行补货，定时检查冷藏、冷冻库的温度变化情况

**图3-79　自制加工商品损耗控制措施**

## 3. 熟食（面包）商品报损标准

熟食（面包）商品报损标准如图3-80所示。

标准一　原料商品肉质外部若有颜色变黑、变灰或微绿色（发霉），及肉质无弹性、有异味的商品已无利用价值，均需报废

标准二　熟食的卖相不佳（烤煳、炸焦）商品，及发霉、有异味的商品已无法销售，均需报废

标准三　面包保质期过期，及发霉、变质、干硬等商品，已无法销售，均需报废

**图3-80　熟食（面包）商品报损标准**

# 五、日配品损耗控制

日配商品都有自己不同的最佳储藏温度，如温度过高或过低都会引起商品变质产生损耗，为防止损耗必须严格控制，具体措施如图3-81所示。

措施一　商品存放注意各种陈列柜不同的使用容器，以免由于存放不适而导致变质

措施二　注意保质期时间，将保质期短的商品先出货补货，以免商品保质期过期产生损耗

措施三　日配商品较之其他商品的保质期更短，如鲜奶等在夏季几个小时便有可能变质，因此要及时收拾散货，以减少顾客因排队等因素丢弃商品造成的损失

**图3-81　日配损耗控制措施**

**开店秘诀**

出货商品摆放应上轻下重避免重压，补货必须尽快码货；常温品要避免强热光近距离直接照射，在码货时不可高于出风口装载线，以免造成损耗。

## 六、生鲜耗材控制

做好耗材管理，避免无谓损耗，降低耗材费用，以提升生鲜利润。

### 1.生鲜耗材高消耗种类

生鲜耗材高消耗种类包括生盘子（塑料包装盒）、连卷袋、保鲜膜、热敏纸（标签纸）、结束胶带、吸水纸、叶片、特价贴纸等。

### 2.耗材控制方法

耗材控制方法如表3-30所示。

表3-30　耗材控制方法

| 序号 | 类别 | 控制方法 |
|---|---|---|
| 1 | 进价过高 | 采取连锁采购，统一议价，降低成本；加强谈判技巧 |
| 2 | 不正确使用 | （1）按消费者购物习性及商品特性，可以散装售卖，或是以"颗""粒""条"出售，可省去保鲜膜、热敏纸的浪费<br>（2）包装盒包装物品时，须根据消费习性与商品特性"多与少"的包装，要符合包装耗材规格，不可呈现"多包小、少包大"包装后的空洞感与浪费，要体现耗材使用的效益及商品的价值感<br>（3）标价签纸（热敏纸），不可乱出纸张，不可乱印，尤其是在装纸测试时切忌 |
| 3 | 偷窃 | （1）全员反内、外盗，尤其避免联营厂家未经许可而进入<br>（2）奖罚分明，加强员工责任感 |
| 4 | 避免诱导顾客大量不当使用 | （1）连卷袋提供位置不宜太多，应给予适当位置且少设置<br>（2）有顾客大量不当使用时，应出面制止 |
| 5 | 库存过高 | 订货以每周二次或每月四次为准，避免库存太高 |

第四章

门店日常管理

**导言**

　　虽说生鲜市场前景可观，顾客对生鲜的需求量大，有些生鲜店的生意也很火爆，但是开一家生鲜店，想要自己的店铺能够获得可观的利润收益以及长足的优势发展，店主必须在门店的日常经营和管理上下功夫才行。

**思维导图**

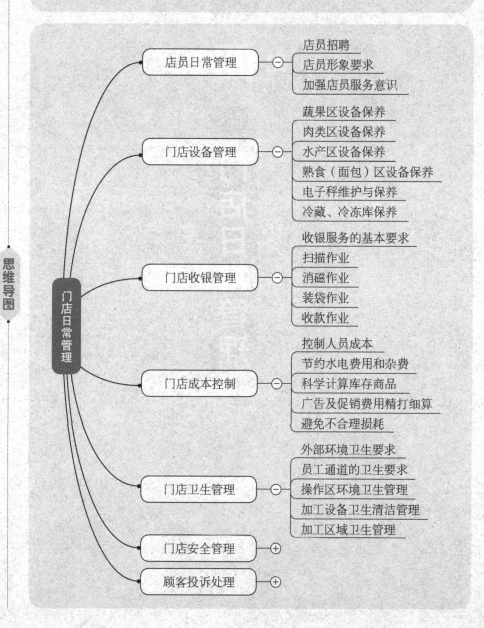

门店日常管理

- 店员日常管理 —
  - 店员招聘
  - 店员形象要求
  - 加强店员服务意识
- 门店设备管理 —
  - 蔬果区设备保养
  - 肉类区设备保养
  - 水产区设备保养
  - 熟食（面包）区设备保养
  - 电子秤维护与保养
  - 冷藏、冷冻库保养
- 门店收银管理 —
  - 收银服务的基本要求
  - 扫描作业
  - 消磁作业
  - 装袋作业
  - 收款作业
- 门店成本控制 —
  - 控制人员成本
  - 节约水电费用和杂费
  - 科学计算库存商品
  - 广告及促销费用精打细算
  - 避免不合理损耗
- 门店卫生管理 —
  - 外部环境卫生要求
  - 员工通道的卫生要求
  - 操作区环境卫生管理
  - 加工设备卫生清洁管理
  - 加工区域卫生管理
- 门店安全管理 ＋
- 顾客投诉处理 ＋

**店员日常管理**

对于生鲜店来说，怎么管理员工也是一门学问，好的员工管理可以让员工做事认真负责，带来的正面效益也会越来越大。

## 一、店员招聘

一般来说，连锁生鲜店的新员工招聘是由总部的人力资源部负责，店主只需要负责提交增员申请即可。不过，独立生鲜店则要由店主亲自负责新员工的招聘。

### 1.招聘渠道

店主可以通过熟人介绍，也可在店门前张贴招聘海报，还可在58同城、赶集网等生活类网站上发布招聘信息。如图4-1所示。

**生鲜超市收银员(深圳市菜匣子生鲜连锁超市有限公司)**

5000-10000 元/月

学历：不限 | 经验：不限 | 招聘人数：若干

(保障) 该职位已加保，信息更真实，假骗有赔付 ▸

投递须知：该职位由企业通过授权拉勾网发布在百度百聘，百度无法保证该职位真实性和有效性，建议您谨慎投递。
企业如收取押金|报名费|服装费等均有诈骗嫌疑，可联系拉勾网投诉举报 **联系客服** ▸
防骗指南：又到一年求职旺季，网络求职需要谨慎，下面是小编精心挑选的防骗精华，找工作一定要看哦！**查看更多** ▸

**职位描述**

职位类型：全职
发布时间：2021-04-09
有效日期：2021-06-09
基本要求：年龄不限 | 性别不限
工作地点：深圳

职位描述：
岗位职责：1. 负责日常的生鲜蔬菜称重和收银。2. 服从店长安排的其他临时事宜。任职要求：1. 18~35周岁，男女不限，有经验者优先选择。2. 性格开朗，热情好客，认真负责，勤劳有积极性。福利待遇：1. 底薪3000+绩效+提成+奖励，包食宿，买五险。2. 新开高端连锁生鲜超市，晋升空间大，晋升机制：店员领班店长。3. 门店员工工作满一年享受100元/年工龄工资，上不封顶。上班时间：8个小时工作时间，早班晚班轮班制。早班6:30~14:30，晚班14:30~22:30。上班地点：丹竹头地铁站附近。

**图4-1 网上发布的店员招聘启事**

### 2. 招聘要求

对于应聘人员，店主要明确其岗位职责以及任职要求等，以便确定最合适的人选。不同的岗位，其岗位职责与任职要求也不相同。

比如，店长助理的岗位职责为：对门店店长负责，根据店长指示开展工作，协助店长做好门店销售工作，协助店长做好门店基层人员的培训和管理工作，在店长授权下代行店长职责，对店长和门店负责。

## 二、店员形象要求

为树立统一良好的专业形象，提升规范专业服务意识，生鲜店应对员工的形象有以下要求。

### 1. 仪表要求

所谓仪表一般是指人的外表，包括人的容貌、服饰、发型、姿态、风度等。生鲜店员工仪容仪表要求规范具体表现在图4-2所示的5个方面。

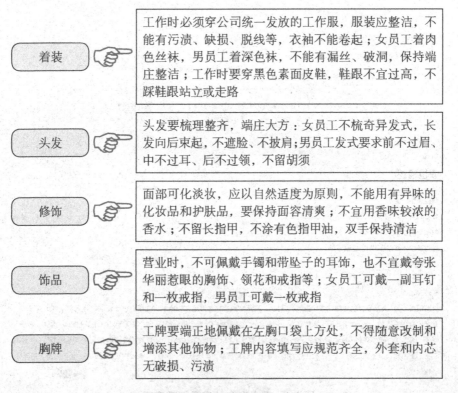

图4-2　仪容仪表的规范要求

## 2. 仪态要求

仪态也叫仪姿、姿态，泛指人们身体所呈现出的各种姿态，它包括举止动作、神态表情和相对静止的体态。人们的面部表情、体态变化，行、走、站、立，举手投足都可以表达思想感情。仪态是表现个人涵养的一面镜子，也是构成一个人外在美好的主要因素。不同的仪态显示人们不同的精神状态和文化教养，传递不同的信息，因此仪态又被称为体态语。

（1）站姿礼仪。站立是人们生活、工作、交往中的一种最基本姿态，是人们静力造型的动作。正确标准的站姿，是一个人身体健康、精神饱满的体现，站姿要端正，站姿的基本要求如图4-3所示。

| |
|---|
| 头正，脖颈挺直，双目平视，嘴唇微闭，下颌微收 |
| 两肩放松，稍向下沉，自然呼吸，人体有向上的感觉 |
| 躯干挺直，收腹、立腰、挺胸、提臀 |
| 双臂自然下垂于身体两侧，手指并拢自然弯曲，中指贴裤缝 |
| 双腿并拢、直立 |
| 双脚呈 V 字形或 T 字形 |

**图4-3　站姿礼仪要求**

（2）坐姿礼仪。坐姿礼仪要求如图4-4所示。

| | |
|---|---|
| 要求一 | 上身自然挺直，挺胸，双膝自然并拢，双腿自然弯曲，双肩自然平正放松，两臂自然弯曲，双手放在双腿上或扶手上，掌心向下 |
| 要求二 | 头正，嘴唇微闭，下颌微收，双目平视，面容平和自然 |
| 要求三 | 女员工坐椅子的 2/3，脊背轻靠椅背 |
| 要求四 | 离座时，要自然稳当，右脚向后收半步，然后起立，起立后右脚与左脚并齐 |
| 要求五 | 谈话时身体可以有所侧重，但要注意头、胸、髋、四肢的协调配合 |

**图4-4　坐姿礼仪要求**

（3）行走礼仪。行走礼仪要求如图4-5所示。

| 要求一 | 在店内行走时要注意礼让顾客，当顾客人多，堵住道路时，应轻声地说"对不起，请借光""劳驾，请让一让"，然后从顾客身后走过 |
|---|---|
| 要求二 | 与顾客迎面行走时，要谦让地主动给顾客让路 |
| 要求三 | 在与顾客上下楼梯时，应请顾客先走，自己走在后边 |
| 要求四 | 通道两名员工行走时，不要并行，不要边走边聊天，不要手拉手行走，更不可勾肩搭背 |

图4-5　行走礼仪要求

（4）手势礼仪。手势礼仪要求如图4-6所示。

| 指引手势 | 交谈手势 |
|---|---|
| 五指并拢，掌心朝上，手臂以肘关节为轴，自然从体前上扬并向所指方向伸直（手臂伸直后应比肩低），同时上身前倾，头偏向指示方向并以目光示意 | 与人交谈使用手势时，动作不宜过大，手势不宜过多，不要用拇指指向自己（应用手掌轻按左胸），不要击掌或拍腿，更不可手舞足蹈 |

图4-6　手势礼仪要求

**开店秘诀**

在交谈中，伸出食指向对方指指点点是很不礼貌的举动。这个手势，表示出对对方的轻蔑和指责。更不可将手举高，用食指指向别人的脸。西方人比东方人更忌讳别人的这种指点。

（5）表情礼仪。所谓表情，指的是人通过面部形态变化所表达的内心的思想感情。自己在工作之中的表情神态如何，在服务对象看来，往往与对待对方的态度直接相关。

表情礼仪主要是指目光、笑容两方面的问题。其总的要求是，要理解表情、把握表情，在为顾客服务时努力使自己的表情热情、友好、轻松、自然。

表情礼仪要求如图4-7所示。

目光要坦然、亲切、和蔼、有神，做到这一点的要领是：放松精神，把自己的目光放虚一些，不要聚焦在对方脸上的某个部位，而是好像在用自己的目光笼罩对面的整个人

笑容要甜美、温和友好、自然亲切、恰到好处，促销员应当满面笑容，要为服务对象创造出一种令人倍感轻松的氛围，使其在享受服务的整个过程之中，感到愉快、欢乐和喜悦，同时也表现出促销员对服务对象的重视与照顾

图4-7　表情礼仪要求

（6）上岗礼仪。上岗礼仪要求如图4-8所示。

· 应提前上班，留有充分的时间检查自己的装束和做工作前的准备
· 见到同事和顾客应心情舒畅地寒暄问候
· 切勿随便离开岗位，离岗时要取得上级的同意并告知去处

· 不要交头接耳
· 呼叫同事时不要省去尊称
· 不用外号呼叫别人
· 不扎堆
· 不抱着胳膊
· 不把手插进裤兜里

图4-8　上岗礼仪要求

（7）接待礼仪。接待礼仪要求如图4-9所示。

**1** 不要看到顾客穿着不好或购买金额较少就态度冷淡

**2** 不论对待什么样的顾客，都应诚心诚意地笑脸相迎

**3** 对儿童、老年人及带婴儿的顾客要格外亲切接待

**4** 对询问其他企业地址的或问路的顾客应以笑脸相迎，热情地告知

**5** 顾客有事询问时要告诉清楚

图4-9　接待礼仪要求

### 三、加强店员服务意识

在市场竞争激烈的社会，生鲜店除了要严把产品质量关外，还要有一套完善的服务才能留住顾客。培养员工的服务意识对生鲜店的店主来说是一个非常重要的课题，通过产品和服务来迎合顾客的差异化，是一个门店在市场中立足并长期发展的根本。那么，提高门店员工服务质量和意识的方法又有哪些呢？具体如图4-10所示。

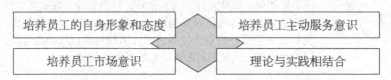

**图4-10　提高员工服务质量和意识的方法**

#### 1. 培养员工的自身形象和态度

员工的言行举止代表门店形象，员工必须严格遵守门店的规章制度进行规范服务，从而提高服务水平。同时，员工在遭遇突如其来的事件时要学会冷静、忍耐、克制自己的情绪，端正态度，及时采取有效措施，使服务尽善尽美。

此外，员工要养成服务的习惯，门店可定期不定期的考核服务态度、服务水平，以此作为评估工作好坏的依据。

#### 2. 培养员工市场意识

门店的效益与每一位员工的切身利益息息相关，没有良好的优质服务，也就自然没有了良好的顾客关系，门店的销售和利润会大大减少，最终影响员工的就业机会和薪资待遇。店主要让员工明白"人无远虑，必有近忧"的道理，必须脚踏实地地把市场意识落实到日常工作的点滴服务之中。

#### 3. 培养员工主动服务意识

员工不仅需要具备"我要服务"的意识，还要学会换位思考，要明白服务是光荣的，是神圣的，服务遍及各个行业的各个角落。服务工作中，员工要以愉快的心情主动服务于顾客。

#### 4. 理论与实践相结合

理论方面进行产品知识、服务知识和规章制度及企业文化的讲授及考核。实践方面根据岗位要求、操作流程和合格标准，尽可能选择多样化的开展，比如技能比武、情景模拟等，提升员工兴趣，尽量减少他们的倦怠心理。与薪酬挂钩，可考虑小额的奖励与惩罚。

## 第二节　门店设备管理

生鲜设备的保养是为了保证质量和控制成本的正常运作，若生鲜设备无法维护，小则影响正常作业、成本控制与经营业绩，大则可威胁生鲜员工（现场作业）的生命安全，因此在管理上需要特别加以重视。

### 一、蔬果区设备保养

蔬果设备保养得当、保证正常运作是促进销售的条件之一。生鲜员工在日常工作中要正确操作、保养设备，杜绝操作失误造成的故障。蔬果部设备保养方法如表4-1所示。

表4-1　蔬果区设备保养方法

| 序号 | 设备名称 | 保养方法 |
|------|---------|---------|
| 1 | 陈列柜 | 每日擦洗干净 |
| 2 | 冷藏柜 | 先学习维护常识，营业结束后，将其擦干净 |
| 3 | 电子秤 | （1）定期调试，按说明书操作规定操作，不要超限称重<br>（2）每天擦拭 |
| 4 | 连卷袋支架 | 每天擦净 |
| 5 | 扎口机 | 保持干净，无杂物 |
| 6 | 周转箱（筐） | 定期清洗，一般一周一次 |
| 7 | 不锈钢操作台、水槽 | 每天冲洗干净，操作完也要冲洗 |
| 8 | 刀具 | 用清洁剂擦净使用，用完立刻冲洗 |
| 9 | 包装机 | （1）营业结束后关闭电源，按说明书操作<br>（2）每日擦净 |

### 二、肉类区设备保养

#### 1. 保养方法

肉类区设备保养方法如图4-11所示。

| 方法一 | 锯骨机、绞肉机、切片机等设备使用前都要先看操作手册及注意事项，了解设备性能及操作方法，不可盲目使用 |
|---|---|
| 方法二 | 机器设备主体禁止用强水冲刷，以免造成线路短路，发生危险；要以80℃温水和不含荧光剂的清洁剂清洗；机器设备可卸下来的部位在水槽中用80℃温水和清洁剂清洗 |
| 方法三 | 机器设备齿轮、滑轴部位，清洗要用食用机油或黄油润滑，以减少磨损、增加设备使用寿命 |
| 方法四 | 电子台秤等设备要请厂商定期维修、校正；电子台秤、电子秤称重时不要超出其称量范围，打印头要经常用酒精棉擦拭 |
| 方法五 | 刀具不用时要用磨刀棒磨光，再用磨刀石磨锋利后，用温水及清洁剂洗净后放入杂物箱，以备次日用 |
| 方法六 | 砧板要开店前、中午、傍晚、营业结束后清洗，每3～4小时一次，以免细菌滋生，不要一块砧板从早使到晚；关店后晚班人员以80℃温水和清洁剂清除肉屑，并用浸泡漂白水的毛巾覆盖在砧板上，有消毒、漂白作用，待第二天早班人员收拾后，将漂白水冲洗掉 |

图4-11  肉类区设备保养方法

## 2.注意事项

肉类区设备保养注意事项如图4-12所示。

| 1 | 设备要有专人负责、专人操作 |
|---|---|
| 2 | 机器设备在运转过程中，如发生意外情况要尽快切断电源，关上开关 |
| 3 | 机器设备不可随意拆卸，要有专业人员在场方可拆卸维修 |

图4-12  肉类区设备保养注意事项

## 三、水产区设备保养

水产区设备属于固定资产，设备更新较慢，所以应当给予妥善的保养。

## 1. 制冰机

制冰机的保养方法如图4-13所示。

| 方法一 | 盐水依 30 升水加入盐 600 克比例，将食盐注入盐水桶进行冲调，再将盐水泵前盖拆下，将刻度盘调整至 100%，然后开机，松开盐水泵放气钮，将抽水管中空气排出直至上水管流出盐水，然后关机，将刻度盘回调初始刻度，盐水泵调整完毕 |
|---|---|
| 方法二 | 开电源，按启动，开头冰片在 1 分钟后连续掉下；制冰机的压机停止后，刮冰马达继续延时 3 分钟后才停止，主要是防止压机余冰将刮刀冻住，在冰满后，压机会自动停机 |
| 方法三 | 电源和水源应该独立，不可接其他设备；每日营业完后都要求用抹布清洁制冰机外表的污渍，并注意盐水箱的水位是否够用，做好保养记录登记 |

图4-13　制冰机的保养方法

## 2. 水族箱

水族箱在使用过程中，平时的卫生保洁和设备维护都是有效的保养方法。

（1）卫生保洁。水族箱卫生保洁的要求如图4-14所示。

| 每日至少清理三次露出水面部分的玻璃 |
|---|
| 每日早上必须清洗过滤棉一次（营业前完成） |
| 及时捞出水族箱中的死鱼，防止连锁污染 |
| 定期换水（视水的清洁度而定） |
| 定期对水族箱进行除苔、除污（一个月至少一次） |
| 定期更换过滤物（如活性炭、珊瑚石、过滤棉等） |
| 注意过滤池中的水位（以不浮起过滤棉为宜） |

图4-14　水族箱卫生保洁的要求

（2）设备维护。水族箱维护要求如图4-15所示。

| | |
|---|---|
| 要求一 | 严禁用硬物直接碰撞水族箱；严禁用水冲洗气泵、恒温器及电源接头；严禁在水族箱中洗手或清洗其他物品 |
| 要求二 | 密切关注人工海水的盐浓度及温度 |
| 要求三 | 定期对水泵、气泵、恒温器进行检查 |
| 要求四 | 严禁非专业人员私自拆卸水族箱的各种相关设备；发现异常状况，请及时关断电源后上报相关部门处理 |

图4-15　水族箱维护要求

### 3. 包装机、电子秤

随时清理残留在机器上的残渣，每日营业完后用抹布清洁一遍，晚班员工离店后要关掉电源。

### 4. 冷藏（冻）库（柜）

每月至少进行一次大清洁（最好安排在盘点日），包括墙壁、顶部、置物架等，平时注意记录除霜时间及次数，发现异常，及时汇报相关部门。

## 四、熟食（面包）区设备保养

熟食（面包）区设备如维护保养不当，设备无法正常运转，则影响到加工制作，影响商品的质量与业绩，操作不当则可威胁到员工的生命安全。

### 1. 烤鸡炉

烤鸡炉的保养方法如图4-16所示。

| | |
|---|---|
| 方法一 | 电源安装时应安装自动跳闸开关，如发生短路或者其他故障时电源会自动切断，避免火灾事故 |
| 方法二 | 使用前先打开电源，再调整温度，正常温度为150℃左右 |
| 方法三 | 使用完后关掉电源，把温度器调整为零度 |
| 方法四 | 烤鸡炉作清洁前一定要关掉电源，以免触电；清洁完成后，需把水珠擦干 |
| 方法五 | 烤鸡炉应安置在通风干燥处 |

图4-16　烤鸡炉的保养方法

**开店秘诀**

烤鸡炉里面，每天至少作一次彻底大清洁，必须用沸水冲洗或者洗洁剂清洗。外表面每天至少做三次清洁，保持干净、美观。

## 2. 炸炉

炸炉的保养方法如图4-17所示。

| 方法一 | 炸炉应放在平稳地方，左右侧离不燃物10厘米以上，背面应离不燃物（如石墙）20厘米以上 |
| --- | --- |
| 方法二 | 须安装上电源开关，有熔断器及漏电保护器，开关面不许堆放杂物，方便操作 |
| 方法三 | 电热炸炉的地线与符合安全性能的地线连接 |
| 方法四 | 使用完毕后，应关闭电源；在清洁保养时，应切断电源，以防止意外事故发生 |
| 方法五 | 每天工作完毕后用不含腐蚀性清洁剂的湿毛巾，清洁炸炉体表面及电源引出线外表面，严禁用水直接冲洗电气箱表面，以免破坏电气性能 |
| 方法六 | 每天必须清洗一次，把油倒出清洗，清洗完毕后把水珠擦干 |

**图4-17 炸炉的保养方法**

## 3. 电蒸炉

电蒸炉的保养方法如图4-18所示。

| 方法一 | 电蒸炉应安置在避风不腐蚀处 |
| --- | --- |
| 方法二 | 电蒸炉金属表面不损无污，表面保持光亮，以防日久氧化，不得堆放杂物 |
| 方法三 | 使用完毕后应清洗蒸炉，并定期擦洗电热元件表面（一般一周两次），但不得用过硬的金属铲刮表面；及时更换水箱用水 |

**图4-18 电蒸炉的保养方法**

### 4. 消毒柜

消毒柜的保养方法如图4-19所示。

**图4-19　消毒柜的保养方法**

### 5. 包装机

包装机的保养方法如图4-20所示。

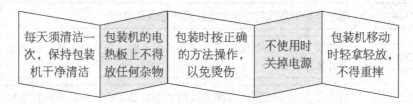

**图4-20　包装机的保养方法**

### 6. 冷藏库

冷藏库的保养方法如图4-21所示。

| 方法一 | 库内应有冷风通道，冷风机前后左右都要保持有一定的空隙，存放物品时不要碰到下水管路 |
| --- | --- |
| 方法二 | 进出冷藏库要随手关门，以减少冷气跑漏，影响温度（正常温度0~5℃）。 |
| 方法三 | 取完物品时要及时把灯关掉，同时门也关严 |
| 方法四 | 入库的物品不能含有过多的水分 |
| 方法五 | 应定期记录冷藏库的温度是否正常 |

**图4-21　冷藏库的保养方法**

**开店秘诀**

冷藏库应定期清除、清扫、消毒，每天清扫一次卫生，每半个月彻底清理一次，保持干净、无异味。

### 7. 熟食展示柜

熟食展示柜的保养方法如图4-22所示。

| | |
|---|---|
| 方法一 | 摆放展品应当有一定的空隙，以利于冷风循环，陈列的商品不可超出负荷，以免影响冷藏质量（温度一般为0 ~ 4℃） |
| 方法二 | 展示柜回风口处不要堆放食品 |
| 方法三 | 清洗展示柜内部，柜内部每个月清扫一次，清扫前应先切断电源，并取出柜内物品，用蘸有中性洗涤剂的软布擦拭搁架和风口，并用湿布擦净；清扫展示柜底层搁板上的垃圾，然后拉起搁板，用湿布清扫底部垃圾，清扫时注意不要把水沾到风扇电机上，同时注意安全，以防被扇叶划伤 |
| 方法四 | 清洁展示柜外表面，用湿布每天擦拭一次；每周一次用含有中性洗涤剂的布清除外表污垢，再用湿布擦干；每时每刻都保持玻璃干净清洁 |
| 方法五 | 使用过程中，出现不正常，立即切断电源，由专业人员维修 |
| 方法六 | 切勿放入可燃性、挥发性等化学物品，及其他影响食品安全性的物品 |
| 方法七 | 在展示柜运行时勿用水直接冲洗柜体，否则会引起故障、漏电甚至火灾 |

**图4-22　熟食展示柜的保养方法**

## 五、电子秤维护与保养

电子秤的维护与保养方法如图4-23所示。

| 方法一 | 电子秤所需电压为220V，电流为0.15A |
|---|---|
| 方法二 | 商品称重时，不要超出电子秤称量范围40克～15千克 |
| 方法三 | 电子秤使用前要先插电源，再打开电子秤开关，待电子秤屏幕出现"0.00"字样时，才能开始称商品 |
| 方法四 | 商品需增加或扣除皮重时，要在电子秤上增加或减少皮重后再称 |
| 方法五 | 每次商品称重前，要注意电子秤清屏，归零 |
| 方法六 | 保持电子秤托盘干燥，防止电子秤进水，影响正常工作 |
| 方法七 | 装热敏纸时要按照盒盖背面的图示说明操作 |
| 方法八 | 作废的热敏纸不要随处乱贴，严禁贴在电子秤上 |
| 方法九 | 使用完毕后，要关闭电子秤开关，拔掉电子秤电源插头 |
| 方法十 | 用干净抹布对电子秤擦拭，使之清洁卫生 |
| 方法十一 | 当电子秤出现故障时，速与供应商联系；要定期测试电子秤称出重量的准确性 |

图4-23　电子秤的维护与保养方法

## 六、冷藏、冷冻库保养

冷藏、冷冻库的保养方法如图4-24所示。

| 方法一 | 库房内码货要留有冷风通道，冷风机前后左右都要留有一定的空隙，存货时物品不要碰到下水管路 |
|---|---|
| 方法二 | 尽量减少冷库库门的开关次数，以防止热空气入侵与减少冷风机的结霜量 |
| 方法三 | 取物品时，冷库库门需及时关闭，取出物品后要及时关灯、关门 |
| 方法四 | 不要忘记进出后关门，以免发生漏冷和凝露、结霜、结冰现象 |
| 方法五 | 装入库内的物品不能含过多的水分，要防止水渗入库底，以免影响冷库寿命 |

| 方法六 | 下水管道应及时清理污物，以防堵塞 |
| --- | --- |
| 方法七 | 在清扫时注意不要把水沾到风扇电机上，同时注意安全，保持一定的距离，以防被风扇叶片刮伤 |

图4-24　冷藏、冷冻库的保养方法

**开店秘诀**

冷藏、冷冻库除了每日本身的简单擦拭清洗外还必须安排每月有一次大清洁，仔细清理冷库房、冷柜表面盖板、网架、冷柜外，还要用水冲洗柜内结霜部分，以防下水口及出风口扇叶片堵塞不流通，而造成风力无法循环以致损耗。

## 第三节　门店收银管理

收银作业作为卖场与顾客之间进行商品交易的最终环节，在卖场的业务中显得格外重要。收银工作稍有不慎，都可能给卖场、顾客、收银员个人造成损失。因此，加强对收银工作的管理，对每一个生鲜店来说都是十分必要的。

### 一、收银服务的基本要求

站在消费者的角度上，零售业的购物环境，及收银员的微笑服务、礼貌待人、收银速度等环节构成了顾客选择购物店家的标准。具体要求如图4-25所示。

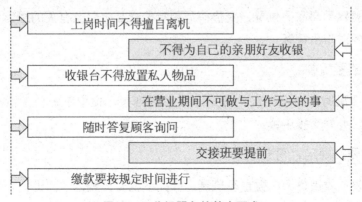

图4-25　收银服务的基本要求

### 1.上岗时间不得擅自离机

如确实需要离开时必须要将"暂停收款"牌放在收银台上，用链条将收银通道拦住，将现金全部锁入收银机的抽屉里并锁定，钥匙必须随身带走或交收银主管保管，将离开收银台的原因和回来的时间告诉临近的收银员。

**开店**秘诀

> 离开收银机前，如还有顾客等候结算，不可立即离开，应以礼貌的态度请后来的顾客到其他的收银台结账。

### 2.不得为自己的亲朋好友收银

这样做可以避免不必要的误会和可能产生的不道德行为，如收银员利用收银职务的方便，以低于原价的收款登录至收银机，以企业利益来满足自己私利，或可能产生内外勾结的"偷盗"现象。

### 3.收银台不得放置私人物品

由于收银台上随时都有顾客退货的商品和临时决定不购买的商品，如私人物品也放在收银台上，容易与这些商品混淆，造成他人误会。

### 4.在营业期间不可做与工作无关的事

要随时注意收银台前和视线所见的卖场内的情况，以防止和避免不利于卖场的异常现象发生。

### 5.随时答复顾客询问

收银员要熟悉商品的位置、变价商品和特价商品，以及有关的经营状况，以便顾客提问时随时作出解答。

### 6.交接班要提前

中午交接班时，要求接班人员提前15分钟到岗，由上午班员工清点备用金给下午班员工，办好交接手续。

### 7.缴款要按规定时间进行

由于零售业收银员大多数是轮班制，因此缴款要按规定时间进行。

## 二、扫描作业

扫描是收银的基本步骤，收银员要做好扫描工作，同时按不同情况处理好扫描例外，使所有商品都能够得到准确地扫描。

### 1. 接过商品

收银员要快速、稳定地接过商品，避免摔坏。

### 2. 开始扫描

开始扫描时，要达到图4-26所示的要求。

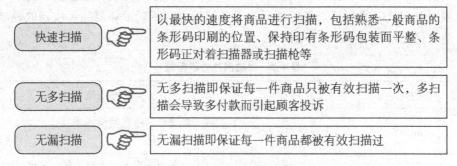

| 快速扫描 | 以最快的速度将商品进行扫描，包括熟悉一般商品的条形码印刷的位置、保持印有条形码包装面平整、条形码正对着扫描器或扫描枪等 |
| --- | --- |
| 无多扫描 | 无多扫描即保证每一件商品只被有效扫描一次，多扫描会导致多付款而引起顾客投诉 |
| 无漏扫描 | 无漏扫描即保证每一件商品都被有效扫描过 |

图4-26 开始扫描的要求

### 3. 扫描失效处理

当发现扫描失效时，按表4-2所示的方法处理。

表4-2 扫描失效处理方法

| 序号 | 常见现象 | 原因 | 处理措施 |
| --- | --- | --- | --- |
| 1 | 条码失效 | （1）条码损坏、有污渍、磨损<br>（2）条码印刷不完整、不清楚 | （1）在同样的商品中找到正确的商品条码，用手工扫描方式解决<br>（2）条码重新计价印刷 |
| 2 | 条码无效 | （1）编码可能错误<br>（2）条形码重复使用或假码 | （1）核实商品的售价，以价格销售的方式售卖<br>（2）将例外情况记录，并跟踪解决 |
| 3 | 多种条码 | （1）商品的包装改变，如买一送一<br>（2）促销装商品的赠品条码有效 | （1）核实正确的条码<br>（2）跟进所有的非正确条码，必须予以完全地覆盖 |

| 序号 | 常见现象 | 原因 | 处理措施 |
|---|---|---|---|
| 4 | 无条码 | （1）商品本身无条码，自制条码脱落<br>（2）商品条码丢失 | （1）找出正确的条码，用手工扫描<br>（2）跟进剩余商品的条码检查 |

## 三、消磁作业

收银员消磁时，要以快捷的速度将每一件已经扫描成功的商品进行消磁。保证每一件商品都经过消磁且消磁成功，包括熟悉商品消磁的正确方法和有效的消磁空间，掌握重点消磁的商品。进行硬标签手工消磁时，不能损坏商品，应轻取轻拿。

消磁例外处理措施如表4-3所示。

表4-3　消磁例外处理措施

| 序号 | 名称 | 原因 | 处理措施 |
|---|---|---|---|
| 1 | 漏消磁 | 商品未经过消磁程序 | （1）商品必须经过消磁程序<br>（2）重新消磁 |
| 2 | 消磁无效 | 商品消磁的方法不正确，超出消磁的空间 | （1）结合消磁指南，掌握正确的消磁方法<br>（2）特别对软标签的商品予以熟记<br>（3）重新消磁 |

 **开店秘诀**

> 　　正确地消磁是非常重要的，否则容易引发误会，引起顾客的不满，而且增加了收银稽核人员的工作量与工作难度。妥善地处理好消磁例外是收银管理人员的职责之一。

## 四、装袋作业

顾客购买商品后，如果需要装袋，收银员应为其做好装袋工作，装袋时要注意将商品分类并排列整齐，避免损坏。

### 1.正确选择购物袋

如果顾客并未自带购物袋，要求购买购物袋，一定要正确选择购物袋。购物袋尺寸有大小之分，根据顾客购买商品的多少来选择合适的购物袋。当然在限塑的情况下，最好问明顾客需要哪号袋，并且告知对方该袋的价格。

## 2. 将商品分类装袋

商品分类是非常重要的，正确科学地分类装袋，不仅能提高服务水平、增加顾客满意度，还能体现尊重顾客、健康环保的理念。

## 3. 装袋技巧

掌握正确的装袋技巧，做到又快又好，既避免重复装袋，又达到充分使用购物袋、节约成本、使顾客满意的效果。具体如图4-27所示。

| 技巧一 | 考虑商品的易碎程度，易碎商品能分开装最好，不能分开的则放在购物袋的最上方 |
|---|---|
| 技巧二 | 考虑商品的强度，将饮料类、罐装类、酒类商品放在购物袋的底部或侧部，起到支撑的作用 |
| 技巧三 | 考虑商品的轻重，重的商品放下面，轻的商品放上面 |
| 技巧四 | 考虑商品的总重量不能超出购物袋的承重极限，商品的总体积不能超出购物袋，如果让顾客感觉不方便提取或有可能超重，最好分开装或多套一个购物袋 |

图4-27　商品装袋的技巧

## 4. 例外处理措施

当出现例外情况时，请按表4-4所示的方法处理。

表4-4　装袋例外处理措施

| 序号 | 原因 | 处理措施 |
|---|---|---|
| 1 | 商品过重 | 分开多个购物袋或多套一个购物袋 |
| 2 | 不能装袋 | 向顾客解释因所购商品大小问题，不能装袋 |
| 3 | 袋子破裂 | 去掉破裂袋子，重新包装 |

# 五、收款作业

## 1. 现金收款

接受顾客付款时，必须以合适的音量说"收您××元"，此为唱收原则。点清所收的钱款时，必须将正确金额输入收银机中。无论是现金、银行卡，还是移动支付等形式的付款，都必须在收银机上选择正确的付款键输入。接受现金付款时，必须对现金进行真假的识别。

不同面值的现金必须放入收银箱规定格中，不能混放或放错位置。银行卡单及有价证券不能与现金混放。

### 2. 自助机结账

由于移动互联网的快速发展和支付形式的多样化，现在有很多大型生鲜店已经实行了顾客自助结账，这样不但可以加快结账的速度，也可以省掉人工成本。但门店在使用自助收款机时，也应安排专人在旁边进行指导和帮助。

## 第四节　门店成本控制

成本控制在门店运营过程中尤为重要，一旦控制得当就能使门店的成本最小化从而达到利润最大化，而如何行而有效地控制店面成本也成为店主的必备技能。

### 一、控制人员成本

在店铺经营中，店铺租金及水电费、商品成本等基本上都是固定不变的，而人员的工资及提成奖金等占销售管理费用较大比例，店主应控制人员成本。

（1）选择合理数量的精干人员，在旺季或销售繁忙时临时聘请兼职人员。

（2）所有人员的工资及提成资金等占门店毛利率的比例，应控制在40%以下。

（3）培养店员一专多能的能力，用尽量少的人做尽量多的事情。

### 二、节约水电费用和杂费

对于水电费用和杂费等，采用节约的原则，如减少不该有的照明，或者办公用品集中采购等，以此来节约部分的杂费。而对于一些不经常使用的大型设备，可以采用租赁的方式。

### 三、科学计算库存商品

合理的库存可以提高店铺的盈利率，一方面库存太少，将增加商品的采购费用，而库存太多，不仅要占用大量的资金，而且也会产生更多的仓储保管费用，甚至因为商品销售不畅进而造成大量的商品损耗。

在营业过程中，每天的存货都会随着厂商的进货和店铺的销售、退货、报废和门市间调拨等造成店铺内存货的增加或者减少，所以存货记账是十分必要的。店主可以制订一份商品购进计划完成表，对库存商品有一定的了解。只有正确且完整地记账并填写各种存货的报表，才能管理好店铺的所有存货。

### 四、广告及促销费用精打细算

有些广告促销用品要反复地利用，或者亲手来制作，以节约费用。如一些促销海报，可以采用亲手绘制的方法来节约费用。有些精明的店主会通过组织手绘海报的活动来发现店员中的人才，并且在以后安排重用。

在确定广告宣传计划时，要根据媒体的读者定位、发行量等因素来精心挑选合适广告载体。如社区内的小店做广告宣传，适宜派店员去附近的社区做直投。

促销费用更要精打细算。如采用加量促销方法时，加量多了会收不回成本，而加量少了对顾客又没有吸引力，所以店主应该计算出最合适的加量比例，否则多了少了都会是浪费。

### 五、避免不合理损耗

开店，损耗产生是难以避免的。如果损耗在正常范围内，对门店营收基本没有什么影响，但是不注意控制，导致损耗过大，就会直接影响门店收益，长此以往甚至会让门店因收入少而面临倒闭。因此，店主要合理控制门店的损耗，尽量避免不合理的损耗。

## 第五节　门店卫生管理

生鲜店应为顾客提供舒适优雅的购物环境，因此，在营业前，门店就要做好卫生清洁工作，同时在营业中要保持卫生，营业结束后要及时清理。

### 一、外部环境卫生要求

卖场外部环境卫生要求如图4-28所示。

| 要求一 | 拉布灯箱保持清洁、明亮，无裂缝、无破损，霓虹灯无坏损灯管 |
| 要求二 | 幕墙内外玻璃每月清洗一次，保持光洁、明亮，无污渍、水迹 |
| 要求三 | 旗杆、旗台应每天清洁，保持光洁无尘 |
| 要求四 | 场外升挂的国旗、司旗每半个月清洗一次，每三个月更换一次，如有破损应立即更换 |
| 要求五 | 场外挂旗、横幅、灯笼、促销车、遮阳伞等促销展示物品应保持整洁、完好无损 |

**图4-28　卖场外部环境卫生要求**

## 二、员工通道的卫生要求

员工通道的卫生要求如图4-29所示。

| 要求一 | 管理人员应对需张贴的通知、公告等文件资料内容进行检查、登记，不符合要求的不予张贴 |
| 要求二 | 员工应注意协助维护公告栏的整洁，不得拿取、损坏张贴的文件资料 |
| 要求三 | 员工通道内的卡钟、卡座应挂放在指定位置，并保持卡座上的区域标识完好无损 |
| 要求四 | 考勤卡应按区域划分放于指定位置，并注意保持整洁 |

**图4-29　员工通道的卫生要求**

## 三、操作区环境卫生管理

### 1.操作区环境卫生标准

操作区环境卫生标准如表4-5所示。

表4-5 操作区环境卫生标准

| 项目 | | 操作区环境卫生标准 |
|---|---|---|
| 建筑环境 | 地板 | 无垃圾、无积水、无油渍、无杂物 |
| | 墙面 | 无油污、无污垢、无灰网 |
| | 天花 | 无油污、无灰网、无烟熏痕迹 |
| | 玻璃 | 明亮、无油污、无指印、无水痕 |
| 操作设施 | 排水设施 | 排水设施完善，水沟无积水、堵塞、杂物和污垢，地漏干净、畅通 |
| | 通风设施 | 通风设施完善，空气新鲜、温度适当，设备无油渍 |
| 操作水池 | 洗手池 | 无污垢、无杂物、无堵塞、无污水 |
| | 清洁器具水池 | 无污垢、无杂物、无堵塞、无污水 |
| | 食品专用水池 | 无污垢、无杂物、无堵塞、无污水 |

## 2. 操作区清洁方法

操作区清洁方法如表4-6所示。

表4-6 操作区清洁方法

| 序号 | 区域 | 清洁方法 |
|---|---|---|
| 1 | 地板墙面 | （1）地板用解脂溶油剂清洗、过水、消毒、刮干，每日清洁2次<br>（2）墙面、玻璃用洗洁剂清洗、过水、刮干净，每日清洗1次<br>（3）天花板用湿布清洁（或用清洁剂），每月1次 |
| 2 | 水沟通风设施 | （1）水沟用解脂溶油剂清洗、消毒，随时清除杂物保持干净，每日消毒1次<br>（2）地漏要随时清除杂物保持干净，每日灌水消毒1次<br>（3）通风设施用解脂溶油剂清洗、消毒、过水，每周清洁2次 |
| 3 | 水池 | （1）洗手池用清洁剂清洗、过水，随时清除杂物保持干净，每日清洗1次<br>（2）清洁器具水池用清洁剂清洗、过水，随时清除杂物保持干净，每日清洗2次<br>（3）食品专用水池用清洁剂清洗、过水、消毒，随时清除杂物保持干净，每日清洗2次 |

## 四、加工设备卫生清洁管理

### 1.加工设备卫生要求

加工设备卫生要求如表4-7所示。

表4-7　加工设备卫生要求

| 项目 | | 加工设备卫生标准 |
|---|---|---|
| 用具类 | 刀具 | 无油渍、无残渣、无锈斑 |
| | 砧板 | 颜色洁白，无污水、无残渣、无霉斑 |
| | 专业用具 | 干净整洁，无油渍、无污点 |
| 容器类 | 食品容器 | 表面光亮，无污垢、无锈斑、无杂物 |
| | 消毒容器 | 干净，无污垢、无污水、无锈斑 |
| | 清洁容器 | 干净，无污垢、无残留污水、无油渍 |
| | 操作台 | 干净光亮，无污垢、无锈斑、无杂物 |
| 设施类 | 容器架子 | 干净，无污垢、无污水、无锈斑 |
| | 运输车辆 | 无油污、无垃圾、无污垢 |
| 设备类 | 一般设备 | 无灰尘、无污垢、无油污 |
| | 专业设备 | 无灰尘、无污垢、无油污、无化学油渍、无锈斑 |

### 2.加工设备清洁方法

加工设备清洁方法如表4-8所示。

表4-8　加工设备清洁方法

| 序号 | 类别 | 清洁方法 |
|---|---|---|
| 1 | 用具类 | （1）刀具用洗洁剂清洗后，用清水冲洗，消毒后要放回刀架，刀具随时保持清洁<br>（2）砧板用清水或洗洁剂清洗，每日工作结束时用漂白水漂白，砧板要随时保持干净 |

| 序号 | 类别 | 清洁方法 |
|------|------|----------|
| 2 | 容器类 | （1）消毒容器类，消毒溶液要按规定的时间更换并保持干净，桶表面污垢用洗洁剂清洗后，用清水冲洗干净<br>（2）清洁容器的清洁方法同消毒容器类一样 |
| 3 | 设施类 | （1）用规定的化学用剂清洗干净，用清水冲洗，并用抹布抹干水渍<br>（2）台面、设施每日至少清洗3次，运输车辆每日至少清洗1次 |
| 4 | 设备类 | （1）清洁专用加工设备，用沸水加化学用剂每日冲洗3次，以免碎肉、菜屑等残留腐烂而衍生细菌，污染食品，按其使用说明书中的方法清洗<br>（2）普通常用的设备每日清洗1次<br>（3）设备的清洗必须注意电源、插座、电线的安全，必要的设备要进行消毒处理 |

## 五、加工区域卫生管理

### 1. 果蔬加工间卫生管理

果蔬加工间卫生管理要求如表4-9所示。

表4-9　果蔬加工间卫生管理要求

| 序号 | 类别 | 卫生要求 |
|------|------|----------|
| 1 | 计价台 | （1）电子秤干净，无污泥、灰尘、标签等<br>（2）计价台干净，无废纸、泥土、灰尘及相关的笔记本、杂物等<br>（3）无蔬菜、水果等商品的散货 |
| 2 | 果蔬加工区域 | （1）温度、相对湿度符合要求<br>（2）所有商品均有序分类存放，无商品直接接触地面<br>（3）排水设施通畅，地面无积水<br>（4）地面无垃圾、杂物、烂叶、烂果和污泥<br>（5）操作台干净整齐，各种设备符合清洁卫生、安全用电的要求<br>（6）包装耗材整齐存放，无污染 |

### 2. 肉类加工间卫生管理

肉类加工间卫生管理要求如表4-10所示。

表4-10　肉类加工间卫生管理要求

| 序号 | 类别 | 卫生要求 |
|------|------|----------|
| 1 | 肉类加工区域 | （1）肉类加工间的温度、相对湿度、通风状况必须符合要求<br>（2）加工间的不同种类肉加工区域明确，猪肉、牛肉、羊肉、鸡禽类必须分开，包括操作台、包装耗材、碎肉、垃圾、血污等<br>（3）地板、墙壁、天花板、玻璃、设备、用具、容器必须清洁、消毒、除臭 |
| 2 | 肉类加工作业 | （1）各种肉类的加工、存放彻底分开，工具设施等不能混合使用<br>（2）处理不同肉类时，操作人员双手必须消毒、清洗干净<br>（3）机器加工不同种类的肉时，转换加工种类时必须经过清洁消毒程序<br>（4）人员卫生达标，不污染食品 |

### 3. 鱼池卫生管理

鱼池卫生管理要求如表4-11所示。

表4-11　鱼池卫生管理要求

| 序号 | 类别 | 卫生要求 |
|------|------|----------|
| 1 | 鱼池 | （1）鱼池每日至少清洁1次<br>（2）鱼池清洁要将各种杂物、鱼鳞等清除干净，用温水清洁数次，不能用化学用剂<br>（3）鱼池在营业期间，滤石、海绵清洗两次，保证水质干净 |
| 2 | 冰台 | （1）营业结束后，冰台的冰必须全部清除<br>（2）将冰台中的冰水全部排干，并用洗洁剂清洗干净，再过一遍清水<br>（3）冰台上重新铺满新鲜的冰 |

## 第六节　门店安全管理

为了给顾客一个安全的购物环境，保护门店及顾客与员工的生命财产安全，门店应做好安全管理，并及时发现或解决存在的安全隐患，做好安全防护措施。

## 一、环境安全的管理

购物环境的安全与否对人员安全管理有极大的影响，如果管理得很好，员工和顾客的安全就有了良好的保证。

### 1. 溢出物管理

溢出物一般是指地面上的液体物质，如污水、饮料、黏稠液体等。溢出物无论在卖场的任何地方，都必须立即清除。

卖场销售区域的溢出物处理程序如图4-30所示。

任何员工在发现溢出物时，都有责任进行处理，首先守住区域，请求帮助

守住溢出物后，不要让顾客和其他人员经过这一区域，及时用正确的方法进行处理

清理完毕后，如地面未干，请放置"小心地滑"的警示牌

**图4-30　溢出物处理程序**

**开店秘诀**

如溢出物属于危险化学品或专业用剂，必须用正确的方式予以清除，必要时需要专业人员的帮助。溢出物正确处理是为避免不必要的滑到和人身伤害。

### 2. 垃圾管理

垃圾是指地面上的货物、废弃物。卖场的垃圾主要指纸皮、废纸、塑料袋等。垃圾管理要求如图4-31所示。

要求一　垃圾无论在卖场的任何地方，都必须立即清除

要求二　看见卖场有垃圾，任何员工都有责任将一块纸皮、一张纸屑或一小段绳子拾起，放入垃圾桶内，垃圾及时处理是为了保持干净的购物环境，减少不安全的因素

要求三　非操作区域的垃圾处理遵循相应的指示规定

**图4-31　卖场垃圾管理要求**

### 3. 障碍物管理

障碍物指与购物无关、阻碍购物或存放不当的物品，如在消防通道的梯子、销售区域的叉车甚至散落在通道上的卡板、商品等，都是障碍物。

障碍物正确处理是消除各种危险、不安全的因素，使物品摆放在应有的区域而不脱离员工的控管范围。

### 4. 商品安全管理

主要是指商品陈列的安全，不仅指商品是否会倒、掉落等，也包括价格的标识牌是否安全可靠。货架的陈列用一定的陈列设备进行防护，堆头陈列的高度有一定的限制和堆积技巧，使其稳固。货架上层的商品库存存放必须符合安全标准。

## 二、设备安全管理

设备安全管理不仅对员工重要，而且对顾客也很重要。生鲜店常用的设备有货架、购物车（筐）、叉车、卡板及电梯等。

### 1. 货架安全

在生鲜卖场中，必须注意货架不能过高，摆放要平稳，位置要适当，不能有突出的棱角，以免对顾客或员工造成伤害，同时货架上的商品应堆放整齐，不能过高。

### 2. 购物车安全

门店应经常检查购物车（篮）是否损坏，比如断裂、少轮子等；是否存在有伤人的毛刺；购物车是否被顾客推离停车场的范围；购物车是否停放在停车场内；是否零散地放在场外。

### 3. 叉车安全

对卖场内叉车，可按以下要求进行管理。

（1）使用手动叉车前，必须经过培训。

（2）叉车叉必须完全进入卡板下面，将货物叉起，保持货物的平稳。

（3）叉车在使用时，必须注意通道及环境，不能撞到他人、商品和货架。

（4）叉车只能一人操作。

（5）叉车空载时，不能载人或在滑坡上自由下滑。

（6）叉车不用时，车叉必须处于最低的状态，且存放在规定的地方。

（7）叉车的载重不能超过承重极限。

（8）损坏的叉车必须进行维修或报废，不得使用。

### 4.托板、卡板安全

对卖场内的托板、卡板，可按以下要求进行管理。

（1）已经断裂或霉变的卡板要停止使用。

（2）搬运木制的卡板时，请戴好防护手套。

（3）不要在积水多的部门使用木制卡板，如生鲜部门的操作区域或冷冻、冷藏库内。

（4）空卡板不能竖放，只能平放和平着叠放。

（5）空卡板必须及时收回到固定的区域，严禁占通道、销售区域及门店的各出口。

## 三、全方位防盗管理

### 1.店铺失窃的形式

店铺失窃的常见形式如表4-12所示。

表4-12　店铺失窃的形式

| 序号 | 形式 | 具体内容 |
|---|---|---|
| 1 | 暗度陈仓 | 随身隐藏，这种现象比较常见，将商品隐藏在衣服内带走，一般会穿比较宽松的衣服，比如夹克、大衣等 |
| 2 | 移花接木 | 将低价商品的条形码更换到高价商品上 |
| 3 | 偷梁换柱 | 将高价商品装入低价商品的包装内，以低价商品的价格结账 |
| 4 | 蒙混过关 | 将商品隐藏到隐蔽处的商品内，比如将小件商品藏到大件商品内，只结算大件商品 |
| 5 | 监守自盗 | 店内员工偷窃 |

### 2.陈列防盗

利用陈列防盗，生鲜店可以采取以下措施。

（1）最容易失窃的商品不应放置在靠近出口处，因为那里人员流动大，店员不易发现或区分偷窃者。

（2）采取集中的方式，把一些易丢失、高价格的商品集中到店铺一个相对较小的区域，形成类似"精品间"的购物空间，非常有利于商品的防窃。

（3）将店铺的陈列整理得整齐有序，会让偷窃者产生心理上的压力。

## 3. 人员防盗

人员防盗也是店铺使用比较普遍的一种防盗方式。

（1）明快地喊一声"欢迎光临"，使气氛变得明朗。

（2）经常注意顾客的动向，如有鬼鬼祟祟的人，则走近一点让他知道旁边有人。

（3）顾客经过时，说声"您好"，微笑或以目光示意，以此建立与顾客的联系。

（4）如果有顾客在柜台前徘徊已久，可以上前询问他（她）是否需要帮忙。

（5）注意那些天气暖和却穿着大衣或夹克的人。

（6）注意顾客携带的物品尤其是当这些物品显得"反常"时。

如果发现某人有偷盗行为时，不要让这个人从视线中溜走，尽力记住所藏匿的商品，让另一个员工把所看到的情况告诉店主，继续观察这个偷窃者。收银员接到通知后，在这位顾客结账付款时，可以客气地问一声："还有没有其他什么商品要核算的？"如果他没有讲话就过去了，则马上报告店主。

## 4. 技术防盗

技术防盗是应用先进的电子技术，对防范目标实施管理控制的一种防范手段。大量事实已证明，对重点目标、重点单位和场所仅采用传统的"人防""物防"手段来进行安全防范工作是很不完善的，必须配合以现代化的安全防范技术系统。目前，适合在门店使用的安全防范技术主要有电子商品防盗技术系统、电视监控技术系统和入侵探测与报警技术系统，每个系统都可独立运行，也可互相结合在一起。

（1）营业时间的技术防范。门店在营业时间时的技术防范手段一般是充分利用电子商品防盗系统并辅助以电视监控技术系统。与电子商品防盗系统相比，电视监控系统虽不直接捉拿窃贼，但它能帮助管理人员直观了解监视门店内发生的情况，发现可疑的事件，并且对有盗窃企图者可起到威慑阻吓作用。同时电视监控系统还可以发现内贼，并能记录事件的发生过程，作为事后追查取证的依据。在营业时间内应重点保证对表4-13所示场所的实时监控录像。

表4-13 营业时间应重点防范的场所

| 序号 | 防范场所 | 具体说明 |
|---|---|---|
| 1 | 货架监控 | 生鲜店的最大特点是顾客可以自己选择喜爱的商品，最后到出口处付款，满足了顾客自由选择的需求，利用远程视频监看系统，通过在天花板等地点安装的摄像头可以方便地监看众多的货架，以查看门店内是否有偷窃行为 |

| 序号 | 防范场所 | 具体说明 |
|------|----------|----------|
| 2 | 收银台监控 | 收银台是最容易与顾客发生摩擦的地方，利用远程视频监控系统，通过在收银台安装的摄像头，就可以监控收银台的员工与顾客的交流情况，看员工是否礼貌待客，这样就能很好地处理与顾客的纠纷，提高门店的服务水平 |
| 3 | 人流监控 | 每天的下班时间和周末往往是门店人流比较多的时候，门店必须根据人流情况做出适当的安排，进行人流的疏导，以避免因人多而发生的意外，利用远程视频监控系统，能使门店及时了解顾客数量的变化情况，据此进行疏导等必要的工作 |

（2）非营业时间的技术防范。生鲜门店总有下班的时候，此时门店中货物安全的技术防范方案应为入侵报警技术系统和电视监控技术系统。

入侵报警技术系统是在易发生盗窃部位及窃贼进出高频区域安装入侵探测器，根据报警方式（有线报警、无线报警或警灯报警、铃声报警等）及实际情况可以有选择地安装合适的入侵探测器，比较常用的是开关式探测器，主要安装部位是门、窗、换气窗，垃圾通道等；在贵重物品区域应安装空间控制类型的入侵探测器，如多普勒微波探测器、被动红外探测器、双技术探测器等；在主要通道、楼梯、外墙窗户等处可考虑安装红外光栅探测器等。入侵报警技术系统可起到可靠的入侵探测报警作用，一旦窃贼进入警戒区，可立即被发现并报警。

**开店秘诀**

不同的安全防范技术系统技术各有其长处和缺点，生鲜店应根据自身的运营方式、建筑物结构因地制宜，合理地组合使用才能收到良好的防盗效果，同时还要注意实行"人防""物防""技防"相结合，形成"三位一体"的防范布局，才能确保门店安全。

### 5. 安排防损员

对于大型生鲜门店，可以在出入口处安排身穿制服的防损员，效果较好；在卖场内部，可以安排穿便衣的防损员进行巡逻。便衣防损员和顾客在一起，顾客一般很难辨别其身份，这样既不会让顾客产生被监视的感觉，同时又保证安全。

另外，门店内盗管理也应该加大力度。有的店铺管理者一想到防盗，就认定防的是消费者，其实店铺的防盗管理应双管齐下，既注意有不良行为的消费者，也要防范员工偷盗的发生。

### 四、消防安全管理

#### 1. 消防标志

消防标志是指店铺内外设置的有关消防的标志，如"禁止吸烟""危险品""紧急出口""消防设备"等。门店应要求全体员工熟记消防标志。

#### 2. 消防通道

消防通道是指建筑物在设计时留出的供消防、逃生用的通道。门店应要求员工熟悉离自己工作岗位最近的消防通道的位置。消防通道必须保持通畅、干净，不得堆放任何杂物堵塞通道。

#### 3. 紧急出口

紧急出口是店铺发生火灾或意外事故时，需要紧急疏散人员以最快时间离开店铺时使用的出口。

（1）员工要熟悉离自己工作岗位最近的紧急出口位置。

（2）紧急出口必须保持通畅，不得堆放任何商品杂物。

（3）紧急出口不能锁死，只能使用紧急出口的专用门锁关闭；紧急出口仅供紧急情况使用，平时不能使用。

#### 4. 消防设施

消防设施是指用于火灾报警、防火排烟和灭火的所有设备。消防器材是指用于扑救初期火灾的灭火专用轻便器材。店铺主要的消防设施如表4-14所示。

**表4-14　店铺主要消防设施**

| 序号 | 消防设施 | 具体说明 |
|---|---|---|
| 1 | 火灾警报器 | 当发生火灾时，门店的警报系统则发出火警警报 |
| 2 | 烟感、温感系统 | 通过对温度、烟的浓度进行测试，当指标超过警戒时，则烟感、温感系统会发出警报 |
| 3 | 喷淋系统 | 当火警发生时，喷淋系统启动，则屋顶的喷淋头会喷水灭火 |
| 4 | 消火栓 | 当火警发生时，消火栓的水阀打开，喷水灭火 |
| 5 | 灭火器 | 当火警发生时，使用灭火器进行灭火 |
| 6 | 防火卷闸门 | 当火警发生时，放下防火卷闸门，可以隔离火源，阻止烟及有害气体蔓延，缩小火源区域 |

**开店**秘诀

> 在划定的消防器材区域内，不能陈列、促销商品，更不能随意在消防器材上休息或置放物品。保持消防器材区域内的通畅，严禁以任何理由阻挡、遮拦、装饰、侵占、利用、拆除消防设施及消防标识。

### 5. 监控中心

监控中心是门店设置的监控系统的电脑控制中心，控制门店消防系统、保安系统、监视系统。监控中心通过图像、对讲系统，能24小时对门店的各个主要位置、区域进行监控，第一时间处各种紧急事件。

### 6. 紧急照明

在火警发生时，店铺内的所有电源关闭，应急灯会自行启动。

### 7. 火警广播

当火警发生时，无论是营业期间还是非营业期间，都必须进行火警广播，通知顾客或员工，稳定情绪。

 **相关链接**

#### 消防设施的日常管理

（1）店铺中所有的消防报警设施、消防器材必须建立档案登记，包括消防器材在店铺中的分布图，需留档案备案。

（2）要对店铺所属的消防报警设施、灭火器材进行管理，负责定期检查、试验和维护修理，以确保性能良好。

（3）除每月检查外，在重大节日前，要对场内所有的消火栓、灭火器等器材、装备进行特别检查和试喷，并在器材检查表上进行签字确认。

（4）员工要对本区域内设置的消防器材进行管理和定期维护，发现问题要及时上报。

（5）严禁非专业人员私自挪用消防器材，消防器材因管理不善而发生丢失、损坏，相应员工应承担一定责任或经济损失。

（6）消防器材放置区域不能随意挪动或改作商品促销区域。

（7）禁止无关人员动用消防设备，禁止将消防设备用于其他工作。

（8）消防器材，特别是灭火器，必须按使用说明进行维护，包括对环境和放置的特殊要求。

## 五、突发事件应急处理

突发事件主要是指如火灾、人身意外、突然停电、抢劫等，突发应急事件的处理是门店的一项重要工作，因为一个安全的购物环境是顾客所必需的。

1. 突发事件的类型

突发事件的类型如表4-15所示。

表4-15 突发事件的类型

| 序号 | 类别 | 具体内容 |
|------|------|----------|
| 1 | 火灾 | 火灾有一般火灾和重大火灾之分 |
| 2 | 恶劣天气 | 台风、暴雨、高温等天气 |
| 3 | 人身意外 | 顾客或员工在店铺内发生人身意外 |
| 4 | 突然停电 | 在没有任何预先通知下的营业时间内突然停电 |
| 5 | 抢劫 | 匪徒抢劫收银台或顾客的财物 |
| 6 | 示威或暴力 | 由于政治性原因引起的游行示威行动 |
| 7 | 骚乱 | 店铺内或进出口处发生的骚乱 |
| 8 | 爆炸物 | 店铺内发现可疑物或可疑爆炸物 |
| 9 | 威胁（恐吓） | 店铺受到信件、电话等威胁或恐吓 |

2. 突发事件应急处理方法

（1）火灾报警。火灾报警程序如表4-16所示。

（2）灭火程序。发生火情时，具体灭火程序如下。

——在通知店铺应急处理小组后，立即拨打报警电话119。

表4-16　火灾报警程序

| 步骤 | 具体内容 |
|---|---|
| 火警的级别 | 　　根据店铺内的实际情况，暂定三种火警级别：一级火警，即有烟无火；二级火警，即有明火初起；三级火警，即火灾从时间和空间上难以控制。<br>　　发现火情后，根据现场情况判断火警的级别，并进行相应的处理 |
| 火警的报告 | 　　（1）店铺中的任何工作人员发现火情，都必须报警<br>　　（2）拨打店铺安全部的内部紧急电话或报警电话，如附近无电话、对讲机等通信设备，应迅速到就近的消火栓，按动消火栓里的红色手动报警器向控制中心报警<br>　　（3）报警时应说明发生火灾的准确区域和时间、燃烧的物质、火势大小，和报警人的姓名、身份以及是否有人员受伤等 |
| 火警的确认 | 　　（1）店主接到消防报警信号后，立即确认报警区域，迅速赶到现场查看，迅速对火警的级别进行确认<br>　　（2）一人留现场进行救火指挥工作，组织人员使用现场消防器材进行扑救，如能将火扑灭，保留好现场，等候有关部门或负责人的到来<br>　　（3）如属误报，应及时做技术处理，通知控制中心将机器复位<br>　　（4）如属捣乱谎报火警，应将机器复位，并查找有关人员 |

　　——小组人员听到消防警报后，应迅速赶到安全部，立即按"突发事件应急处理小组"的编制，确定行动方案，快速行动，各司其职。

　　——在完成各自的职责后，服从"应急处理小组"的统一指挥和调配，协同配合，进行灭火、疏散、救助工作。

　　——火灾扑灭后，店主要检讨消防系统的运行情况，迅速查访责任人，查找火灾起因；从技术角度查找火灾起因，通过对机器、数据、资料进行收集分析，由消防安全调查人员撰写正式报告，并根据财产和人员的伤亡情况计算损失，迅速与保险公司进行联系，商讨有关赔偿事宜。

　　——制定灾后重新开业的工作计划和方案。

　　（3）台风、暴雨、高温等恶劣天气的处理。店主必须每日关注天气情况，不仅是为了防范恶劣天气带来的灾害，更是提高顾客服务、关注销售的一种体现。通过关注气象部门预报的预警信号来防范恶劣天气。

　　热带风暴通常伴随着台风和暴雨，在接到热带风暴的预报后，需要做的工作如表4-17所示。

表4-17　热带风暴的应对程序

| 类别 | 具体内容 |
|---|---|
| 准备工作 | （1）将天气预报的告示在员工通道等明显位置贴出<br>（2）检查户外的广告牌、棚架是否牢固，广告旗帜、气球是否全部收起<br>（3）检查斜坡附近的水渠是否通畅，有无堵塞<br>（4）撤销促销活动展位，收起供顾客休息的太阳伞<br>（5）准备好雨伞袋和防滑垫，在暴雨来临时使用 |
| 现场处理 | （1）门口分发雨伞袋，铺设防滑垫，入口、出口门关闭一半<br>（2）保证排水系统良好通畅，下水道不堵塞<br>（3）密切注意低洼处进水的区域，将商品或物件移走，以防止水灾造成财产损失 |

（4）人身意外事故发生后的处理程序如下。

——当发生意外时，要第一时间报告店主，并办理工伤处理程序中的相关手续。

——如有顾客晕倒、突发疾病等，应立刻组织相关人员进行必要的急救处理，尤其是老年人、残疾人、孕妇及儿童，并迅速拨打急救电话120，请派救护车，由员工送顾客到医院就医。

——如有意外伤害、重大伤害时，店主应陪同顾客立即到医院就医，以便更好处理善后赔偿事宜。

（5）营业时间内突然停电。店内突然停电的处理程序如图4-32所示。

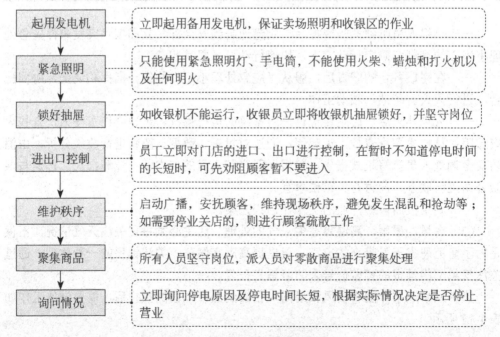

图4-32　店内突然停电的处理程序

开店秘诀

来电后，全店恢复营业，优先整理顾客丢弃的零星商品，并将其归位。及时检查商品品质，将变质商品立即从销售区域撤出，并对损失进行登记、拍照等。

（6）匪徒抢劫收银台。匪徒抢劫收银台的应对措施如表4-18所示。

表4-18　匪徒抢劫收银台应对措施

| 人员 | 应对措施 |
|------|----------|
| 收银员 | （1）保持冷静，不要做无谓的抵抗，尽量让匪徒感觉正在按他的要求去做<br>（2）尽量记住匪徒的容貌、年龄、衣着、口音、身高等特征<br>（3）尽量拖延给钱的时间，以等待其他人员的救助<br>（4）在匪徒离开后，第一时间拨打电话"110"报警<br>（5）立即凭记忆用文字记录好匪徒的特征及当时的细节<br>（6）保持好现场，待警察到达后，清理现金的损失金额 |
| 其他人员 | （1）发现收银台被抢劫，在确保自己安全的情况下，第一时间拨打电话"110"报警<br>（2）对持有武器的匪徒，不要与其发生正面冲突，保持冷静，在确认可以制胜时，等待时机将匪徒擒获；尽量记住匪徒的身材、衣着，及车辆的牌号、颜色、车款等<br>（3）匪徒离开后，立即保护现场，匪徒遗留的物品，不能触摸<br>（4）匪徒离开后，将无关的人员、顾客疏散离场，将受伤人员立即送医院就医<br>（5）不允许外界拍照，暂时不接待任何新闻界的采访 |

（7）暴力及骚乱。发生暴力及骚乱的应对措施如下。

——如发现店铺内有人捣乱，店主应立即到现场制止。

——阻止员工和顾客围观，维持现场秩序。

——拨打电话"110"报警，将捣乱人员带离现场，必要时送交公安机关处理。

——对捣乱人员造成的损失进行清点，由警察签字后做汇报。如有重大损害要通知保险公司前来鉴定，作为索赔的依据。

——发现任何顾客在店铺内打架，立即到现场制止。

——不对顾客的是非进行评论，保持沉着、冷静，要求顾客立即离开店铺。

（8）发现可疑物或可疑爆炸物。具体处理措施如下。

——发现可疑物后，立即拨打电话"110"报警。

——不可触及可疑物，划出警戒线，不许人员接近。

——疏散店内人员和顾客，并停止营业。

——静待警方处理直至危险解除，再恢复营业。

## 第七节 顾客投诉处理

对于生鲜店来说，遇到顾客投诉是一种很常见的情况，投诉处理人员要掌握顾客投诉的处理程序和技巧，将顾客投诉圆满处理，以此来赢得更多的顾客。

### 一、顾客投诉处理程序

一般来说，顾客投诉处理程序如图4-33所示。

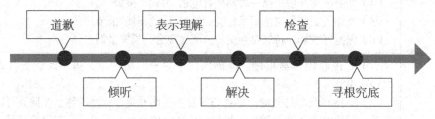

图4-33　顾客投诉处理程序

**1. 道歉**

顾客无论是出于什么原因来投诉，接待人员都应当先进行道歉，使顾客平静下来。

**2. 倾听**

（1）让顾客发泄。先通过开放式的问题让顾客发泄情绪，然后才能了解问题的实情。要理解顾客的心情，稳定顾客的情绪，请顾客坐下来慢慢谈，把顾客从情绪引导到事件上面去，让他把问题讲述出来。

比如，"你对这事抱什么看法""你认为如何""你目前的使用状况如何"等。

（2）充分倾听。说服别人的最佳途径之一就是利用自己的耳朵，倾听他们所说的话。客服人员在处理顾客投诉实际上就是一个说服顾客的过程，要想处理好顾客投诉，必须先认真倾听。

**3. 表示理解**

顾客的愤怒带有强烈的感情因素，因此如果能够首先在感情上对对方表示理解和支持，那么将成为最终圆满解决问题的良好开端。

表达理解和同情要充分利用各种方式，与投诉者直接面谈时，以眼神来表示同情，以诚心诚意、认真的表情来表示理解，以适当的身体语言，如点头表示同意等。

（1）在一般原则上与顾客达成共识。

比如，"这苹果外面一看好好的，一切开里面居然是坏的，这事搁谁头上都不会觉得舒服的。"

"刚买的排骨居然发臭了，不仅是您，任何人都会感到愤怒的。"

（2）对顾客表达自己意见的权利予以确认，通常都能够有助于舒缓顾客情绪，从而使顾客对问题的表述更具逻辑性。

比如，"是的，您完全有权利向我们提出意见，而且我们正是专门听取和处理这类问题的，请您坐下来慢慢谈，不要着急。"

### 4. 解决

在与顾客沟通的过程中，要迅速弄明白问题的关键所在，并找到解决的办法，以迅速让顾客满意。

在与顾客打交道的时候，有句话也是常常听见的："对不起有什么用，我到底该怎么办啊？"

道歉和"对不起"不仅是有用的，也是必要的，但是是远远不够的，能真正让顾客平息愤怒、化解不满的，是马上帮他解决问题。

"对不起，是我们的过失"之后，一句"您看我们能为您做些什么呢"更实在。单纯地同情、理解不够的，顾客需要迅速得到解决问题的方案。

### 5. 检查

做出补救性措施之后，要检查顾客的满意度，并且要再次道歉，然后与顾客建立联系并保持这种联系，留住顾客。

### 6. 寻根究底

这一步对生鲜店来说是极重要的，采纳顾客投诉传来的信息，改进自身的商品质量、服务与工作，才是经营的长久之道。

 **开店秘诀**

门店必须严格按照流程处理好顾客投诉，尽量使每一位投诉的顾客获得满意的答复，这样既能维护门店的声誉，也能增加顾客对门店的忠诚度。

## 二、商品投诉处理技巧

对商品投诉的处理技巧如下。

### 1. 商品质量问题

（1）如果顾客购买的商品发生质量问题，说明企业在质量管理上不过关，遇到这类情况，最基本的处理方法是诚恳地向顾客道歉，并更换质量完好的新商品。

（2）如果顾客因为该商品的质量问题而承受了额外的损失，企业要主动地承担起这方面的责任，并对顾客的损失包括精神损失都给予适当的赔偿与安慰。

（3）在处理结束后，就该质量存在问题的商品如何流入顾客手中的原因向顾客讲明，并说明企业的相应对策，给顾客再次购买本企业商品以信心。

（4）与顾客保持一定的联系，确保顾客对企业商品的满意度，并将商品的问题向供应商反映，给予更新，以利于企业的发展。

### 2. 商品使用不当

（1）如果是因顾客自己使用不当而出现的商品质量问题，卖场员工要意识到，这不仅仅是顾客自身的问题，或许是营业员在销售商品时未向顾客交代说明清楚注意事项，或者营业员出售了不适合顾客使用的商品，属于这类事件的，卖场也应该承担一定的责任。

（2）一定要向顾客真诚地道歉，并根据事情的发展情况给予顾客适当的赔偿。

## 三、服务投诉处理技巧

顾客的投诉有时候是因卖场员工的服务而引起，服务是无形的，不能像商品那样事实明确、责任清晰，只能够依靠顾客与员工双方的叙述，因此，服务问题要明确责任是比较困难的。

（1）处理类似问题时，管理人员一定要明确"顾客就是上帝"这一宗旨。

（2）首先听取顾客的不满，向顾客诚恳地道歉，向顾客承诺以后保证不再发生类似的事件。

（3）必要时与当事人（员工）一起向顾客表示歉意。

（4）待事件处理完毕后，对这位员工在精神上、物质上给予一定的补偿。这样做的基本出发点是让顾客发泄自己的不满，使顾客在精神上得到一定的满足，从而赢得顾客对门店的信赖。

（5）事件处理完毕，卖场管理人员要对员工的处理顾客关系技巧方面进行必要的培训，使员工能够在措辞和态度上应对得体，以减少类似投诉的发生。

## 四、索赔处理技巧

（1）要迅速、正确地获得有关索赔的信息。

（2）索赔问题发生时，要尽快确定对策。

（3）管理人员对于所有的资料均应过目，以防下属忽略了重要问题。

（4）要访问经办人，或听其报告有关索赔的对策、处理经过、是否已经解决等。与供应商保持联系，召开协商会。

（5）每一种索赔问题，均应制定标准的处理方法（处理规定、手续、形式等）。

 **开店**秘诀

防止索赔问题的发生才是根本的解决问题之道，不可等索赔发生时，才寻找对策。

## 五、特殊顾客投诉处理技巧

### 1."别有用心"的顾客

这类型的顾客喜欢抓住卖场的弱点，提出难题，暗中索取金钱或贵重物品。满足此类顾客无理要求，会令卖场员工的士气大为降低；如果做出激烈的对抗，又会使事态恶化，极大地损害卖场的形象。

对待此类顾客，卖场管理人员及员工一定要保持清醒的头脑和冷静的判断力，利用法律武器保护自己的正当权益；卖场方面也要管好自己的言行举止，否则将会给这类顾客留下可乘的空隙。

### 2.挑剔的顾客

对这类顾客，要耐心地听取他们的意见，探知他们明确的服务标准，表示他们的要求卖场已给予相当的重视。

同时，给对方道歉，期望对方继续支持，并赠送小礼物以表示感谢，那么挑剔的顾客容易被管理人员的挚诚感动，愿意团结在其周围。

最后把挑剔的顾客所引出的卖场漏洞堵住，以免顾客长期的投诉和不满影响企业的形象和声誉。

第五章

第五章

门店业务拓展

业务拓展的目的不仅是为了拉动销售量，更重要的是让门店得到曝光，从而进一步扩大门店的影响力，实现门店的持久发展。

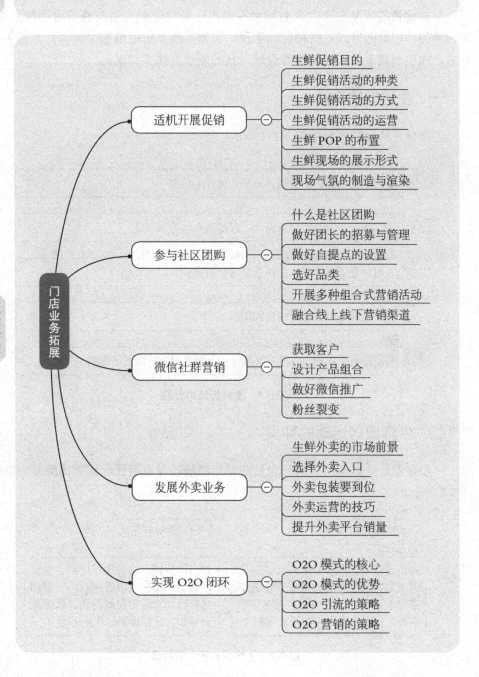

## 第一节 适机开展促销

生鲜促销的意义在于对现有和潜在顾客，通过促销达到与消费者的信息沟通，再运用各种积极的方式、各种促销手段，以增加商品价值或提供便利性服务为主要诉求，吸引消费者且抓住消费者视线，从而刺激其购买需求。

### 一、生鲜促销目的

门店做生鲜促销的目的如图 5-1 所示。

**1** 在一定的期间内，提高营业额并提升毛利额

**2** 稳定现有顾客并吸引新顾客，以提高来客数

**3** 及时清理店内存货，加速资金运行回转

**4** 提升生鲜形象，提高门店的知名度

**5** 与竞争对手抗衡，降低其各项活动开展后对本店经营的影响

图 5-1　生鲜促销的目的

### 二、生鲜促销活动的种类

一般来说，生鲜促销活动分为长期性促销活动与短期性促销活动两种，具体如图 5-2 所示。

| 长期性促销活动 | 短期性促销活动 |
| --- | --- |
| 是指进行期间多在 DM 期间或一个月左右，其主要目的是希望塑造本店的差异优势，增加顾客对本店的向心力，以确保顾客长期来店购物 | 如店内促销、公司周年促销，主要目的是希望在有限的期间内，借助具有特定主题的促销活动，以提高来客数，达到预期的营业指标 |

图 5-2　生鲜促销活动的种类

## 三、生鲜促销活动的方式

生鲜商品在进行促销时，一般有图5-3所示的8种方式。

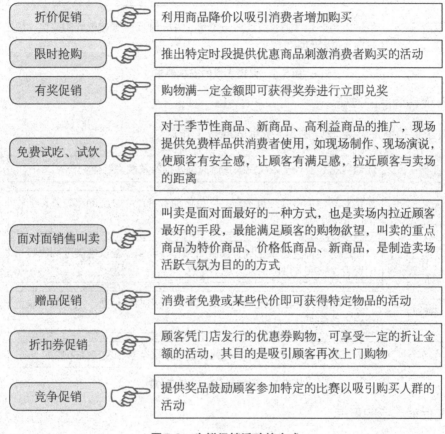

| | |
|---|---|
| 折价促销 | 利用商品降价以吸引消费者增加购买 |
| 限时抢购 | 推出特定时段提供优惠商品刺激消费者购买的活动 |
| 有奖促销 | 购物满一定金额即可获得奖券进行立即兑奖 |
| 免费试吃、试饮 | 对于季节性商品、新商品、高利益商品的推广，现场提供免费样品供消费者使用，如现场制作、现场演说，使顾客有安全感，让顾客有满足感，拉近顾客与卖场的距离 |
| 面对面销售叫卖 | 叫卖是面对面最好的一种方式，也是卖场内拉近顾客最好的手段，最能满足顾客的购物欲望，叫卖的重点商品为特价商品、价格低商品、新商品，是制造卖场活跃气氛为目的的方式 |
| 赠品促销 | 消费者免费或某些代价即可获得特定物品的活动 |
| 折扣券促销 | 顾客凭门店发行的优惠券购物，可享受一定的折让金额的活动，其目的是吸引顾客再次上门购物 |
| 竞争促销 | 提供奖品鼓励顾客参加特定的比赛以吸引购买人群的活动 |

图5-3　生鲜促销活动的方式

## 四、生鲜促销活动的运营

促销方法虽多且各有其效果，但若要使促销活动成功，最重要的还是要靠人员、商品、广告宣传、气氛布置等各方面的配合，才能使生鲜促销活动火暴有效、红红火火，以达到促销目标。

### 1.促销人员的安排

对于促销人员的安排，需达到图5-4所示的要求。

| 要求一 | 促销人员必须了解促销活动的起始时间、促销商品及其他活动内容，以备顾客询问 |
| 要求二 | 生鲜部门主管必须配合促销活动，安排适当的出勤人数、班次、休假及用餐时间，以免影响高峰时段对顾客的服务 |
| 要求三 | 生鲜人员必须保持良好的服务态度，并随时保持服装仪容的整洁，留给顾客良好的印象 |

**图5-4　促销人员的安排要求**

### 2. 促销商品的准备

对于促销商品，要做好图5-5所示的准备工作。

| 工作一 | 促销商品必须齐全，以免缺货造成顾客抱怨及丧失销售机会 |
| 工作二 | 促销商品标价必须正确合理，以免使消费者产生被骗的感觉及影响收银作业的正确性 |
| 工作三 | 商品的陈列位置必须正确且能吸引顾客，畅销品应以端架陈列来吸引消费者注意或大量陈列来表现丰富感 |
| 工作四 | 对上市新品促销应搭配试吃的方式，以吸引顾客消费，以免顾客缺乏信心不敢购买 |
| 工作五 | 促销商品应搭配关联性商品陈列，以引起顾客对相关产品的购买 |

**图5-5　促销商品的准备工作**

### 3. 促销广告的宣传

促销广告的宣传方面，要做好图5-6所示的工作。

| 工作一 | 生鲜促销广告宣传方面必须确认广告宣传单已发放完毕，以免闲置逾期作废 |
| 工作二 | 广告海报、红布条等媒体应张贴于明显处，如入口处或布告栏上，以吸引顾客入内购买 |
| 工作三 | 特价品POP广告应悬于正确位置，价格标示应醒目，以吸引顾客购买 |
| 工作四 | 卖场不定时广播促销活动，以刺激顾客购买 |

**图5-6　促销广告的宣传工作**

### 4. 促销气氛的布置

生鲜促销活动的气氛可利用海报、旗帜等用品来标示商品特性，以增加顾客购物的气氛。也可利用灯具、电视播放、隔物板、模型等用品，以刺激顾客购买的欲望。

## 五、生鲜POP的布置

POP指商业销售中的一种店头促销工具，以摆在店头展示为主，如海报、小贴纸、展示架等。其主要商业用途是刺激引导消费和活跃卖场气氛。生鲜POP的作用主要在于简单的介绍商品的特点：告知消费者商品的位置，以及新商品、推荐商品、特价品等，并通过POP将整个生鲜卖场的气氛烘托出来，让消费者有一个良好的购物气氛，从而促使顾客消费购买。如图5-7所示。

图5-7　生鲜POP的放置

### 1. 生鲜 POP 的设置

生鲜的POP广告要达到理想的宣传效果，不能仅靠POP广告物品自身成功的设计，还必须要有合理的设置。在设置POP时应考虑图5-8所示的3点。

| 要点一 | 从天花板往下挂 POP 广告物时，轻一点的东西可以用鱼线来吊挂，这样看起来比较美观，但要注意吊挂 POP 广告不要和该商品离得太远，以免顾客不知是哪个商品的 POP 广告 |
| --- | --- |
| 要点二 | 要把 POP 广告物放在陈列架上时，要注意广告物绝对不能遮挡商品 |
| 要点三 | 在设置 POP 广告物时，不能贴于商品上，也不能将商品打开小口插入，更不可直接在商品上描绘广告图案 |

图5-8　设置POP应考虑的要点

### 2. 生鲜 POP 标示

要根据物价局指定的标示，包括明确标示品名、规格、产地、单位、销售价外，在做促销时还须标明原价、特价提供给消费者，在做促销时可以作为比较，更可刺激消费者，提高购买力度。

## 六、生鲜现场的展示形式

生鲜的现场展示与气氛的制造，目的就是"活跃卖场、生鲜鲜活化"，让顾客来店后能从耳中、眼中、嘴中体会到为顾客准备的生鲜商品，完全感受到"一切为顾客精打细算、样样新鲜天天平价"，也就是所谓的"要顾客购买，就要让顾客知道'好'在哪里"。其具体方式如图5-9所示。

| 方式一 | "现烤""现炸""现包"等各种现场示范、各种现场制作；提供多种口味的选择，介绍各种食用料理，辅助有关食谱的赠送，让卖场活性化无时无刻地进行着 |
| --- | --- |
| 方式二 | 叫卖，面对面贩卖最直接的方式，也是拉近顾客的最好方法，如何制造活跃气氛——就从叫卖开始 |
| 方式三 | 如何能将商品陈列展示于顾客面前，甚至于让顾客亲自品尝，让顾客感受满足感，拉近顾客与商品的距离，必须配合促销试吃、试饮、试用，使顾客对商品有认同感，进而产生购买意愿；现烤出炉的面包、熟食、比萨饼透过试吃，其销售数量均可增加数倍 |

图5-9　生鲜现场展示形式与气氛渲染的方法

**相关链接**

### 现场销售创意

1.蔬果

（1）可将西瓜大堆陈列，将西瓜剖开，让顾客了解西瓜质量及熟度。

（2）开榴梿的方法，将其切割图用POP显示给顾客。

（3）强调商品是由生产基地直送、绿色食品、净菜等。

（4）摆放榨汁机，现场操作榨汁，果汁百分百原汁，顾客可将新鲜带回家。

2.鲜肉

（1）透过将"放心肉"的证明挂牌吊挂于销售区，强调质量保证，绝不缺斤少两，绝无注水肉出售等。

（2）现场处理、分割、烹调等。

**3.水产**

（1）活鱼的展示，强调鱼保鲜方法。

（2）提供杀鱼、清洁服务。

（3）提供各种烹调食谱与烹调方法。

（4）举办现场试吃等。

**4.熟食、面包**

（1）标示每日现烤、每日出炉时间。

（2）现场举办试吃，并有外带服务。

（3）为员工穿上大厨师的服装，塑造专业形象。

（4）可借由推出熟食餐、便当或各种便利餐。

## 七、现场气氛的制造与渲染

卖场气氛的塑造可以体现顾客对卖场的看法："这家店很有气氛，清洁，很舒适，服务很好""这家店的鱼很新鲜、干净""这家店的肉吃起来很放心""这家店卖的蔬果很新鲜，质量很好"……这些除了利用现场展示形式之外，还必须利用"促销手段"来达到现场气氛制造及宣传的目的。

### 1.配合季节与月份来营造

配合季节与月份来营造促销气氛的方法如图5-10所示。

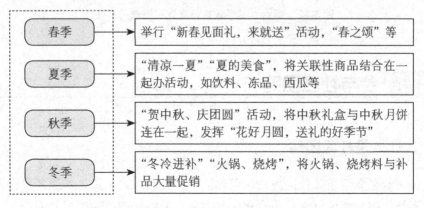

| 春季 | 举行"新春见面礼，来就送"活动，"春之颂"等 |
| 夏季 | "清凉一夏""夏的美食"，将关联性商品结合在一起办活动，如饮料、冻品、西瓜等 |
| 秋季 | "贺中秋、庆团圆"活动，将中秋礼盒与中秋月饼连在一起，发挥"花好月圆，送礼的好季节" |
| 冬季 | "冬冷进补""火锅、烧烤"，将火锅、烧烤料与补品大量促销 |

图5-10　配合季节与月份来营造促销气氛的方法

### 2. 配合商品组合来营造

配合商品组合来营造促销气氛的方法如图 5-11 所示。

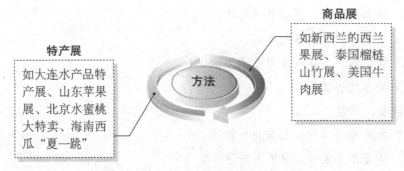

**特产展**
如大连水产品特产展、山东苹果展、北京水蜜桃大特卖、海南西瓜"夏一跳"

**商品展**
如新西兰的西兰果展、泰国榴梿山竹展、美国牛肉展

**方法**

**图 5-11　配合商品组合来营造促销气氛的方法**

### 3. 配合促销手段来营造

配合促销手段来营造促销气氛的方法如图 5-12 所示。

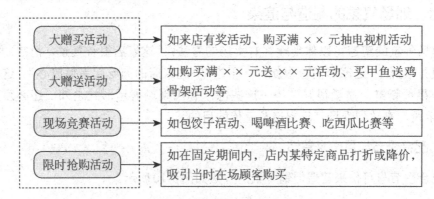

| | |
|---|---|
| 大赠买活动 | 如来店有奖活动、购买满××元抽电视机活动 |
| 大赠送活动 | 如购买满××元送××元活动、买甲鱼送鸡骨架活动等 |
| 现场竞赛活动 | 如包饺子活动、喝啤酒比赛、吃西瓜比赛等 |
| 限时抢购活动 | 如在固定期间内，店内某特定商品打折或降价，吸引当时在场顾客购买 |

**图 5-12　配合促销手段来营造促销气氛的方法**

## 第二节　参与社区团购

### 一、什么是社区团购

社区团购是真实居住社区内居民团体的一种互联网线上线下购物消费行为，是依托真实社区的一种区域化、小众化、本地化、网络化的团购形式。简而言之，它

是依托社区和团长社交关系实现生鲜商品流通的新零售模式。其商业模式为：以社区为单位，由团长在线上借助微信群、小程序等组织社区居民拼团，线下完成交付；当日线上下单，次日社区内自提；由平台提供采购、物流仓储及售后支持。

## 二、做好团长的招募与管理

作为生鲜门店，要想更多地销售商品，就需要做好团长的招募，这也是打造社区团购模式的关键。每个团长都是社区社群的核心人物，能够起到良好的带货效果。团长开发的社群，其实就是商家的私域流量池，可以促进客户复购。

团长的招募可以从小区业主和便利店主中进行选择，有各自的优势和缺陷，比如小区业主有足够的精力可以投入运营，但是没有适合的自提点，不够稳定；便利店主拥有自提点，但是没有足够的精力投入运营。

## 三、做好自提点的设置

社区生鲜店进行社区团购中，其自提点的设置可以是自己的门店，也可以是社区便利店，或者快递收发站、物业管理处等。设置的目的是要方便顾客取货，如果取货距离较远，顾客肯定不会选择团购。

## 四、选好品类

就目前的社区团购市场来看，生鲜、水果、食材三种品类作为高频消费品，在市场中所占的销售份额超过70%，无疑是与社区团购主打家庭消费、厨房消费场景的定位最为契合的品类。

社区团购平台大多利用生鲜品类"高频刚需"的特性，进行秒杀、冲量等活动。同时这类商品季节性强，在营销上有更多操作空间。

比如，1月卖车厘子，4月卖枇杷，9月卖大闸蟹，这些东西很容易做到单品爆款，一抢而空。

要知道，社区团购平台所面向的用户，就是以小区的消费者为主的，也就是小区人喜欢买什么，我们就要有什么。现在小区的用户正在向年轻群体转型，很多中高端小区现在都是"80后、90后"居多，自然喜欢与朋友进行成团模式的购物体验，满足用户的需求之后，也能有着更多销售场景的提升。

## 五、开展多种组合式营销活动

作为生鲜社区团购平台，在促销活动上也需要多样化的玩法，这样才可以让用户通过自由组合（如蔬菜+鸡蛋、鲜肉+大葱等）获得更好的消费体验。我们通过社区团购小程序可以实现产品的一站式组合，这种消费模式相比于传统线上购物模式来说，更能够满足用户的日常购物需求，为用户搭建完美的产品体验过程。

## 六、融合线上线下营销渠道

社区生鲜店长期积累客户资源，可对用户群体进行长期营销，并且通过长期的服务与用户群体形成了互相信赖的优质状态，这样生鲜店就可通过微信粉丝群结合拼团活动以及到店推广的模式，向用户进行拼团产品销售。伴随着社区团购模式的产品零售优势，能有效地融合线上线下营销渠道，让传统客户群体通过社区团购焕发线上活力。

 相关链接

### 社区团购"九个不得"

市场监管总局联合商务部于2020年12月22日组织召开规范社区团购秩序行政指导会，阿里巴巴、腾讯、京东、美团、拼多多、滴滴等6家互联网平台企业参加。会议要求依法加强社区团购价格行为和反不正当竞争监管，规范社区团购市场秩序，维护公平竞争，确保民生得到有效保障和改善。会议强调，互联网平台要严格遵守不得低价倾销、不得违法达成垄断协议、不得大数据"杀熟"等"九个不得"。

一是不得通过低价倾销、价格串通、哄抬价格、价格欺诈等方式滥用自主定价权。在依法降价处理鲜活商品、季节性商品、积压商品等商品外，严禁以排挤竞争对手或独占市场为目的，以低于成本的价格倾销商品。

二是不得违法达成和实施固定价格、限制商品生产或销售数量、分割市场等任何形式的垄断协议。

三是不得实施没有正当理由的掠夺性定价、拒绝交易、搭售等滥用市场支配地位行为。

四是不得违法实施经营者集中，排除、限制竞争。经营者集中达到国务院规定申报标准的，应当事先申报，未申报的一律不得实施集中。

五是不得实施商业混淆、虚假宣传、商业诋毁等不正当竞争行为，危害公平竞争市场环境。严禁编造、传播虚假信息或进行引人误解的商业宣传，损害

竞争对手的商业信誉、商品声誉，欺骗、误导消费者。

六是不得利用数据优势"杀熟"，损害消费者合法权益。

七是不得利用技术手段损害竞争秩序，妨碍其他市场主体正常经营。不得利用服务协议、交易规则以及技术等手段，对平台内经营者在平台内的交易、交易价格以及与其他经营者的交易等进行不合理限制或附加不合理条件，或者向平台内经营者收取不合理费用。

八是不得非法收集、使用消费者个人信息，给消费者带来安全隐患。

九是不得销售假冒伪劣商品，危害安全放心的消费环境。

## 第三节 微信社群营销

### 一、获取客户

社区生鲜店一般会开在社区里，店主可以把经营重点锁定在步行直径500～700米的社区半径，这个圈子的客户是门店最重要的客户。

分析完客户以后，需要在门店布置微信号，通过各种方式引导每一个进店的顾客，让他们成为门店的微信粉丝，这样可以便于下一步开展营销工作。

那如何让顾客成为门店的微信粉丝呢？具体方法如下。

第一，可以用促销的方式来处理。

比如，对于临期产品的折扣或者低价处理，需要加微信号后方可享受折扣；或者加微信号赠送购物袋或者小礼品；或者加微信号后发放电子折扣券。总之，只要能把线下门店顾客加到微信号上的方法都可以使用。

第二，对于写字楼的白领客户来说，可以主动拜访，和行政人员或者前台人员打好关系，以赠送低值现金券或者礼品的方式加上微信，然后通过他们做促销活动的通知转发以及后续拉同事进群的方式获得客户。

第三，对于社区物业或者业主委员会负责人来说，同样可以通过礼品、优惠券赠送的方式进行客情公关。与他们处理好关系以后，可以让物业代发广告DM，或者进社区摆摊做便民售卖活动，也可以通过客情关系进入社区的业主群用来发展社群粉丝。

## 二、设计产品组合

产品是销售额实现的载体，要根据门店周边服务的对象，确定好产品组合，然后再根据产品的毛利，去组合出最优的折扣或者福利方案，以便后续的社群营销。

比如，如果周边写字楼居多，那么水果、面包，晚饭的蔬菜肉鱼组合是白领们所重点关注的；如果周围家庭居多，那家常菜的套餐、特价的果蔬、特色的正餐食材就是他们所需要的。

对于每日临期的产品，要在保质期过之前组织好促销方案，或者在门店里专门腾出每日特价区域，以成本价或者低于成本价处理，以免造成更大的损耗。

对于可二次加工的产品，比如水果，可加工为果切盒子等二次销售或作为买赠产品；对于肉类产品可冷冻保存但品质会有下降的，可作为低价活动产品或者搭配产品，在产品过期之前，把他们作为促销产品卖掉。

## 三、做好微信推广

### 1.朋友圈的推广

一定要有专门的人员负责维护微信账号，每天做好定期的朋友圈促销信息推送，客服微信号命名为××店客服就可以，以门店客服的形象出现。

每天可以发送五次朋友圈，最好在顾客上班前、午休时、临近下班、晚餐后、晚上临睡前五个时间段发送，发送的内容如下。

（1）产品的介绍（如产品原产地、口味、做法等）。

（2）促销信息的介绍，介绍门店的活动。

（3）商品的体验小视频。

（4）订单爆满的视频或文字。

（5）买家秀。

（6）创新菜谱等。

 **开店秘诀**

朋友圈文案要风趣幽默，体验感和代入感强，发送朋友圈后客服人员要通过微信与客户交流，介绍产品及接单。

### 2. 微信客户推广

有重大促销活动时，可利用微信群发助手推送信息，所以平时要做好顾客标签分组，管理好微信通讯录，这样才能更好沟通和交流。

### 3. 转发朋友圈推广

门店可以多发起顾客转发即可得到某种福利或者大折扣的活动。

比如，转发到朋友圈集多少个赞就可以领取果切盒子，限量多少人之类的活动。结合店里的产品和活动来做，随时和微信营销结合。

## 四、粉丝裂变

粉丝积攒到一定的数量，可以每200个人开一个群，目的是便于管理和交流。这样做还有一个目的，就是让粉丝再拉粉丝进来，裂变顾客群体。

比如，某个生鲜店就会固定用建群的方式，然后让会员做种子用户，然后每人拉3个朋友即可获得免费福利的方式裂变顾客。

门店可以根据小区、楼盘名称来建群，这样的群因为聚集效应和话题共同性，可以更好地开展服务。

### 1. 微信群的管理

微信群的定位非常重要，作为生鲜超市线上社群，群管理者要明确群友入群的诉求，围绕这一核心建立微信群运营规矩，并通过群公告的形式发布，提醒群友不要发广告和骚扰别人。做好群友的管理和情感维护，适时发布生鲜优惠活动信息，并通过秒杀、红包、游戏等活动，活跃群气氛，实现群粉丝裂变。

### 2. 微信群的用途

微信群的最重要用途，就是团购。群内适时提供产品和服务介绍，发放福利和促销活动信息，通过线上团购小程序、接龙小程序等，实现线上团购下单，线下自提交付的购买，从而达到减少资金占压，降低鲜活商品损耗的目的。

比如，即将上市的应季产品（如芒果、荔枝等），有特色的土特产品（如五常大米、徐闻菠萝等），或者众所周知的刚需产品（比如肉类、蛋类），都可以在团里接龙发起预团购，可以在群内登记需求，然后集中采购配送，这样可减少囤货的风险，也能让资金盘活起来。

想做好团购，就要定期开团，且要筛选好的产品，有好的折扣或者福利去吸引才能成团。店主可以多和顾客粉丝交流，直接询问他们需要什么产品和服务，这样可以慢慢优化自己的商品结构。

## 第四节 发展外卖业务

互联网的迅猛发展使得外卖成为一种趋势并深受大众消费者的追捧和青睐。近年来，随着生活水平的提高，社区居民也越来越注重膳食结构的科学性和购买方式的便捷性，因此商家可以将生鲜产品通过外卖的便捷通道给推销出去。

### 一、生鲜外卖的市场前景

一日三餐、生鲜蔬菜、药品杂物……外卖服务如今已覆盖人们生活的多个角落，消费者只需动动手指，各式餐品和日常所需即可送货上门。据统计，截至2020年底，中国外卖用户规模已接近5亿人，外卖市场总体规模达到8352亿元。

天眼查数据显示，从2018年到2020年，国内生鲜电商相关企业数量分别为5.6万家、7.2万家、8.9万家，呈现稳步上升趋势，2020年生鲜电商全年交易规模约为3641.3亿元，同比增长42.54%。

随着电商平台的发展，线上卖菜逐渐被市民认可，不少传统菜场和生鲜店也纷纷触网。流通环节多导致价格偏高、电商冲击、消费习惯改变等，都让传统卖场不得不转型。虽然传统菜市场仍具有不可替代的优势，但要保持活力，不得不多元化、多功能方向发展，因此"触网"就显得格外重要。

生鲜店不能简单把线下业务挪到线上，而是需要在运营理念和管理方式上有所突破，利用平时建立的客户黏合度，在社群经济上下功夫。深耕一个区域，并在这个区域取得竞争优势，同时与配送或电商平台紧密合作，形成垂直供销、线上订购、连锁配送等经营模式，让市场重现生机。

随着时间的推移生鲜外卖就会越来越受到欢迎，消费者不仅能节省时间，还能体验一种新型的购物方式，前景是非常广阔的。

## 二、选择外卖入口

现有外卖流量入口有两种形式：搭建自营外卖系统；入驻第三方外卖平台。

### 1. 搭建自营外卖系统

在外卖成本日趋增高的情况下，生鲜商家自营外卖可以看作是增强对自身品牌掌控的一个举措，同时也是更加贴近消费者的方式。随着消费者习惯的改变，自营外卖的品牌商家也逐渐多了起来。实际上，商家自己的粉丝是做自营外卖的最好群体。将自己品牌的粉丝运营起来，重视线下流量才是解决店铺外卖新的突破口。

那什么是自营外卖呢？具体来说，商家做自营外卖意味着顾客不再需要通过美团、饿了么等外卖第三方平台点单，而是通过品牌自建的公众号（或小程序）和APP下单。

与肯德基宅急送、麦当劳麦乐送等自营配送团队不同的是，目前市面上自营外卖的品牌多选择和第三方配送平台合作，如顺丰、达达、闪送等；而在流量获取时，则是利用微信公众号进行点单、优惠、庆典等活动获取。同时，商家自建会员模式，每一个注册用户，可成为店内会员，或享受折扣商品，或待订单完成时享受会员价，以此建立属于品牌的忠实顾客群。

外卖行业的本质是提供精细化服务，对于想要搭建自营外卖系统的商家，需要认真思考，在打造自己品牌的外卖平台时，要加强以下三个方面的管理。

（1）在配送服务管理方面。在配送服务管理方面，商家需完善外卖配送管理系统。在配送端为配送员提供订单之后，根据订单对配送路线进行合理规划，保证配送的准时性，也提升了外卖配送服务质量。同时，通过智能调度将订单进行整合，降低物流成本，实现智能化配送。

（2）在配送团队规范方面。配送员的服务态度对用户体验会产生直接的影响，因此商家在配送方式的选择上要更加慎重，同时对配送团队加以规范化管理，为用户提供优质的配送服务。

（3）在平台服务内容方面。在外卖线下整合之后，可以提升外卖平台的服务水平，提高用户留存。在形成稳定的用户群体之后，外卖平台可以拓展新业务，促进多元化发展。

### 开店秘诀

商家想要挑选合适的外卖系统服务商搭建自营外卖平台，需要深入了解外卖市场需要什么，外卖用户又会想要什么。

 **相关链接**

## 自营外卖平台如何突出品牌

**1. 统一的礼仪话术**

如今很多服务行业都有规定的话术和礼仪，比如很多餐饮服务酒店，顾客一来，服务人员就会鞠躬，然后说欢迎光临等。由于每个人对同一种东西或制度的理解都不一样，因此统一话术，可以避免给顾客造成不信任感。而礼仪服务能将顾客地位拔高，也能让顾客消费上获得愉悦，同时觉得平台很专业。

**2. 统一服装**

统一的服装给人以整齐、精神的感觉，外人看着，会觉得这是一个有组织有纪律、团结协作的集体，更容易让人产生依赖感。

**3. 统一外卖包装**

良好的外卖包装不仅能够起到保护商品的作用，还能让人第一时间了解产品，并由此产生下单的欲望。外卖包装仅仅可能是几毛钱的增加就能和其他外卖平台区别开来，做出差异化，包装的档次却有了明显的区分，也能增加用户的体验。

### 2. 入驻第三方外卖平台

第三方外卖平台拥有市场上最大的外卖流量，靠抽佣和第三方合作盈利，比如饿了么、美团，适合市场上所有想开展外卖业务的餐饮商家。

（1）饿了么平台。"饿了么"是2008年创立的本地生活平台，主营在线外卖、新零售、即时配送和餐饮供应链等业务。饿了么以"Everything 30min"为使命，致力于用科技打造本地生活服务平台。

随着网络外卖的发展，越来越多的商家选择在网络外卖平台开店引流，那么如何入驻饿了么呢？具体流程如图5-13所示。

（2）美团外卖平台。美团的使命是"帮大家吃得更好，生活更好"。作为一家生活服务电子商务平台，公司聚焦"Food+Platform"战略，以"吃"为核心，通过科技创新，和广大商户与各类合作伙伴一起，努力为消费者提供品质生活，推动生活服务业需求侧和供给侧数字化升级。

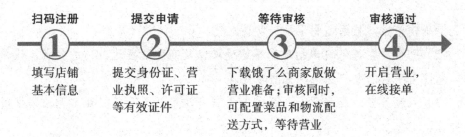

**图5-13　入驻饿了么平台的步骤**

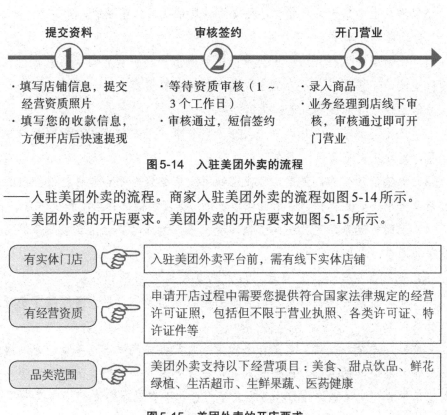

**图5-14　入驻美团外卖的流程**

——入驻美团外卖的流程。商家入驻美团外卖的流程如图5-14所示。

——美团外卖的开店要求。美团外卖的开店要求如图5-15所示。

| 有实体门店 ☞ | 入驻美团外卖平台前，需有线下实体店铺 |
| --- | --- |
| 有经营资质 ☞ | 申请开店过程中需要您提供符合国家法律规定的经营许可证照，包括但不限于营业执照、各类许可证、特许证件等 |
| 品类范围 ☞ | 美团外卖支持以下经营项目：美食、甜点饮品、鲜花绿植、生活超市、生鲜果蔬、医药健康 |

**图5-15　美团外卖的开店要求**

　**相关链接**

### 入驻第三方外卖平台与自建外卖平台的对比

1.入驻第三方外卖平台

（1）入驻第三方外卖平台需缴纳押金，一般都是按年算，且平台众多，同质化竞争较严重，长远不利于平台发展。

（2）平台要在每笔订单抽取高昂的提点以及高配送费达20%的抽点，让原本乐意使用平台的商户越来越无法接受。

（3）入驻第三方外卖平台，品牌与用户资源都是平台的，商家无法掌握用户群体。

（4）平台之间顾客随意流动性比较大，商家无法和新老用户形成黏性。

（5）平台上商家无法建立自己独立的会员系统、营销系统。

**2. 自己搭建外卖平台**

（1）无须缴费入驻开店，更简单。比如微信外卖平台相当于商家自己家的门面做生意，不需要任何平台佣金；基于微信公众号建立，只需拥有一个微信公众号即可快速建立属于自己的微信外卖平台。

（2）无需下载第三方外卖平台APP，更省事。用户只需关注餐饮品牌微信公众号即可在线浏览菜单、下单、付款。

（3）促销活动发布，更灵活。商家利用微信公众号平台即可打造自己的品牌、新品上市、商品折扣、促销活动等消息，提高店铺的知名度和吸引力。

（4）无同行竞争，更公平的营销环境。第三方外卖平台上商家众多，同质化竞争较严重。

（5）管理维护会员，更自由。用户只要关注商家品牌公众号，即可成为会员，而商家也能轻松拥有自己的会员系统、营销系统，最大限度地开发新用户，提高订单量。

更重要一点是，微信外卖平台上的用户是掌握在商家自己手里，为以后的会员营销打下坚实的基础。而通过入驻第三方外卖平台，所有的用户资源全部被归属第三方外卖平台，作为创业者只是为这些平台做数据嫁衣。

## 三、外卖包装要到位

由于生鲜产品有着保鲜期短、易腐烂、易磨损的问题，因此要给商品套用不同的包装，以便有效延长生鲜商品的保质期。

### 1. 防止碰撞，降低损耗

生鲜商品包装的首要作用就是为了保护产品、方便运输。对于不同的商品而言，包装的方式也要不一样，对于一些易压伤易损坏的蔬菜（如番茄类、叶菜类等），可用箱装；对于一些适当可以承压的蔬菜（如萝卜、洋葱等），可以选择袋装；对于橙子、柠檬等水果可以使用网格袋包装，使腐坏的气味不易在袋内积存，消费者可以购买到新鲜状态的水果、蔬菜；对于葡萄、车厘子等不耐压水果可以使用充气缓冲包装，保证生鲜商品在里面可以透气。

### 2.控制温度，保证质量

在生鲜配送中，叶菜类通常无法久放，如果直接放入冷库内冷藏，取出来后不久就会变黄，叶片也会湿湿烂烂的。保存此类蔬菜最重要的就是要留住水分，同时又得避免叶片腐烂。

在夏天的时候，白天的温度非常高，如果不用泡沫箱来隔离温度，叶菜根本放不了几个小时，而在采用了泡沫包装之后，可以大大延长叶菜类的保鲜时间，确保蔬菜到达消费者手中依然能保证品质。

## 四、外卖运营的技巧

生鲜门店发展外卖业务后，要运用一些外卖运营技巧来增加门店收入。

### 1.丰富产品线，争取一店式购物

因为配送费以及操作的方便性，顾客更倾向于在一家店铺把所有需要的产品买齐，也就是所谓的一站式购物，所以说产品越齐全，用户的下单转化率就越高。

比如，顾客打算在家吃火锅，他的购物清单大概如下。

（1）酒水饮料。

（2）火锅底料、蘸料。

（3）蔬菜、牛羊肉卷。

能同时有以上3类商品的商家，这个场景用户下单率更高。假设某一个商家区别于竞争对手，有更加齐全的热门锅底品牌或蘸料口味，那么下单率又会进一步提升。

### 2.适当延长外卖售卖的时间

夜间消费其实是商超类外卖的重要时段。商家们可以针对夜间人们的消费习惯来选择上架产品和制定店铺活动。

比如，南方夏季天气闷热，夜间吃夜宵的人就很多。店铺可以重点丰富啤酒、饮料、简易菜品这类商品。同时店铺还可以通过设置折扣来进行引流，热销的啤酒可以享受5～6折优惠，设置1块钱限量抢购等互动。

**开店**秘诀

大部分顾客对配送费都很敏感，由于夜间平台会提高配送费，商家可以针对夜间时段进行减免部分运费来增加下单率。

### 3. 专人专管，加强客户黏度与互动

外卖服务与实体门店服务有区别，外卖顾客点单后，他能直接体验到的服务就是配送，但配送这一块往往并非自有团队，很可能是第三方配送或某些公共配送平台配送。

那我们如何与这些客户建立链接？答案就是线上后台，根据线上外卖的售卖情况，制定持续而且有针对性的互动。

比如，周一是外卖的低峰日，可以在后台设立折扣及买赠，或配送免费等。如果是自有APP，或自建的公众号外卖平台，那活动的内容和形式就更加多样了，比如抢红包、有奖猜谜等。

### 4. 在特殊的时间用特殊的形式推广

如何吸引更多外卖顾客，并且形成有黏度的粉丝，需要选择特定的节点和形式。

比如，××生鲜店所选择的节点是一个特定的日子——5月20日，形式很简单：为所爱（关心）的人加餐！只要在5月20日当天通过该店的外卖平台购买商品，就可以获得一份等值券，可以送给自己所爱（关心）的人，三天内有效，如果对方获得后，截图发微信朋友圈，并获得点赞52个，将再获得一张优惠券（可以自己使用或送给他人）。这样，就可以形成裂变效应。当天，该店用这种形式就新拉外卖顾客近200人。

### 5. 注意细节，提升顾客体验感

哪些是细节呢？具体如图5-16所示。

| 配送速度 | 顾客投诉处理 |
|---|---|
| 特别是在特定时点（恶劣天气、交通拥堵、电梯不便）会给顾客带来消极的体验，所以为了获得更好的体验，建议配备2～3个专职（兼职）人员作为配送人员，以应对特定时点 | 应对一定要及时，态度一定要诚恳，为了一个外卖，刻意来找是非的顾客绝对是少数，往往一些外卖服务就是在顾客投诉这一块没做到位，最后引发消极传播，因小失大，其本质上就是一种危机公关 |

**图5-16　外卖服务应注意的细节**

## 五、提升外卖平台销量

外卖平台的销售链条大致包括店铺曝光、进店人数、店面下单率、顾客客单价和店铺回购率等要素和环节。生鲜店可以参考图5-17所示的策略来着手提升店铺的外卖销量。

**图5-17　提升外卖平台销量的策略**

### 1.提升店铺的曝光率

店铺曝光即为店铺（虚拟门头）在平台中向用户展示的次数。这是店铺产生潜在消费者基数的判断标准。如果你的店铺曝光率低，其他环节即使再好，都无法提高外卖销量。

提升曝光的办法如图5-18所示。

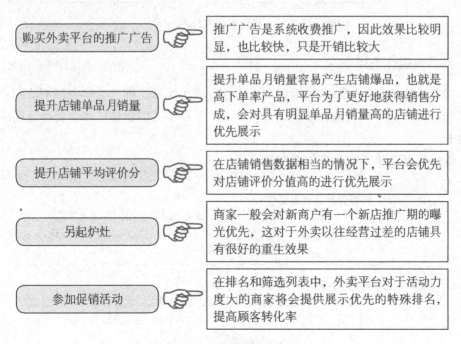

**图5-18　提升曝光的办法**

## 2. 提升进店人数

进店人数即为展示后，有多少用户点击店面链接，进入店内浏览产品。如何在展示后吸引用户点击进店显然是网络外卖的第一道分水阀。

提升进店人数的办法如图5-19所示。

**方法一** 为店铺设计符合门店定位的展示标志

> 一个美观大方的标志会让顾客产生品牌信任感，对商品可靠度产生一定的购买前好感，从而进店浏览

**方法二** 明显的平台通用类活动

> 平台通用类活动可以增加，以提高爱占小便宜的群体客户的进店率

**方法三** 争取平台排行榜排名

> 每个平台都会出品类区域排行榜，店家可选择一两款爆款针对品类冲榜，可以优先增加店铺进店人数的转化

**图5-19 提升进店人数的办法**

## 3. 提升店面下单率

进店后顾客是否下单是能否提高店铺营业额的关键，那么如何提高下单率将决定了前面两个环节价值的具体实现过程。一个下单率高的店铺往往销量会呈现爆发式增长。

提升店面下单率的办法如图5-20所示。

**方法一** 将爆款产品放置首位

> 一个月销量超过200的产品一般会产生爆品效应，带动难以选择的客户延续购买，实现下单率最大化

**方法二** 设置不同的细分品类

> 以区域客户习惯设置简单清晰的分类目录，帮助顾客快速找到自己期望的商品种类，避免浏览复杂而放弃点单

| 方法三 | 清除零销售产品 |
| --- | --- |

不少店铺产品太多，一大堆零销售产品，清除零销售产品将有效提升顾客对店铺产品满意度，提高下单率

| 方法四 | 撰写功能清晰的产品名称 |
| --- | --- |

产品名称很短，那么这几字的描写将严重影响顾客下单率，比如，沃柑和广西沃柑600g起（大果），后者将对消费者产生更强的购买影响力

| 方法五 | 撰写有趣的产品描述 |
| --- | --- |

每一个产品都有一段描述空间，很多店主忽略了，但是这一段描述，将有效提升产品的感知价值和购买意愿，诙谐有趣是互联网消费群非常关注的点

| 方法六 | 为每一个产品提供精美的具有品牌特色的展示图片 |
| --- | --- |

很多店主为了省事从平台图库选择产品图片，省事的同时，就失去了店面独有的特色，当然自身照片太差的店还是用图库的好

**图5-20 提升店面下单率的办法**

## 4. 提升顾客客单价

店铺的顾客客单价是外卖营业额锦上添花的部分。一般来说单店客单价比较稳定。提升客单价的办法如图5-21所示。

设计热销品类  将爆款产品和爆款配套产品贴近排放，有效提升顾客客单价

减少同类型同价位非爆款产品  有些店铺为了顾客能有多种选择，将同价位不同产品放置很多，这样会严重降低客单价，因为其忽略了外卖客户意见领袖对下单的影响力

设置特价商品  提前选好特价商品品类，限时、限量，比如，西红柿150克原价3.5元，特价1.5元，这将有效提升客单价

为高利润产品加上图片标签 上传生鲜产品的时候图片是可以自己编辑的，为高利润产品标记上标签，如推荐等，可以有效提升店面意愿产品的销量

**图5-21 提升客单价的办法**

### 5. 提升顾客复购率

顾客复购率将在数据排名和店铺经营稳定性等几个维度保持店铺的外卖网店具有可持续性，并降低采购难度。

顾客复购率提升办法如图5-22所示。

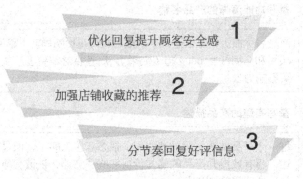

优化回复提升顾客安全感　1

加强店铺收藏的推荐　2

分节奏回复好评信息　3

**图5-22　顾客复购率提升办法**

（1）优化回复提升顾客安全感。很多店铺并不关注顾客回复，认为购买过了就不需要好好回复，只设置机械的回复话术，让顾客始终感觉在和机器人自动回复对话，感觉店家不够用心。好的回复话术应该至少向图5-23所示的3个目标努力。

> *1* 让满意的顾客产生强烈的消费尊崇感，提升二次购买欲望

> *2* 让差评顾客感觉到店家的诚信抱歉，并产生二次购买的信任前提

> *3* 对于无理取闹的顾客，让其他顾客产生店家认真负责，并且显现波澜不惊的大度，产生价值观的认同，降低顾客的感知购买风险

**图5-23　好的回复话术要求**

（2）加强店铺收藏的推荐。我们都知道平台是一个逐利的战场，新店、品牌推荐等曝光手法层出不穷，让顾客轻易找到我们唯一可以凭借的就是店铺收藏率。那么回复内容中、活动推介中都可以大力度加强店铺收藏的推荐环节。

💡 **开店** 秘诀

> 从线下店的角度来说，网络平台的店铺收藏甚至可以媲美店面会员卡的作用，提升复购率不言而喻。

（3）分节奏回复好评信息。这是一个隐藏技巧。很多平台具有新评论和新回复优先显示的规则，因此，对于好评，特别是详细好评信息的分步骤回复，并适当提醒收藏店铺，是邀请顾客二次消费的有效保障。

比如，顾客今天买了你家的龙虾，明天继续买的可能性并不大，但是2天后二次点单概率会增加。而你的回复将像一条广告信息一样提醒顾客，您可以再次点击我们了。这是平台内，唯一的用户信息推送广告形式之一。

## 第五节　实现O2O闭环

O2O模式通俗地讲就是"互联网＋线下门店"，将互联网与线下的门店结合起来，让互联网成为线下门店商品和服务的营销前台和服务窗口。这种线上线下一体化的模式既可以很好地方便广大消费者，又可以给他们提供场所购买商品。

### 一、O2O模式的核心

O2O即Online to Offline（在线离线、线上到线下），其概念源于美国，是指将线下的商务机会与互联网结合，让互联网成为线下交易的平台。O2O模式的核心很简单，就是把线上的消费者带到现实的商店中去——在线支付购买线下的商品和服务，再到线下去享受服务。如图5-24所示。

线上支付购买

线下享受服务

图5-24　O2O模式的核心

2013年O2O开始进入高速发展阶段，开始了本地化及移动设备的整合和完善，于是O2O商业模式应运而生。

### 二、O2O模式的优势

O2O的优势在于能够完美打通线上线下，实现线上线下多场景互动，加上O2O成熟的操作运营模式丰富了具体的应用场景模式，让消费者在享受线上优惠价格的同时，又可享受线下贴心的服务。同时，O2O模式还可实现不同商家的联盟。具体来说，O2O营销模式具有图5-25所示的优势。

| 优势一 | 拉近与消费者之间的距离，加强影响力，促进消费 |
| 优势二 | 占领桌面，提高客户忠诚度，使消费者随身携带门店，随时随地浏览，增加消费者购买机会 |
| 优势三 | 新品信息、促销信息第一时间推送到客户手中，精准营销，占领先机 |
| 优势四 | 方便集成地理位置系统，线上线下联动；可拓展多种支付接口，增加成交机会 |
| 优势五 | 可设置电子会员卡及APP积分体系，对消费者吸引力更强；碎片时间购物，更方便，且没有运费，省心省力 |
| 优势六 | 消费者线上下单，线下门店集中配送，成本更低，同时支持门店自提和送货入户双重体验，且更安全 |

图5-25　O2O营销模式的优势

## 三、O2O引流的策略

社区生鲜店要想利用O2O营销，可采取以下两种引流策略。

### 1.由线下发起的O2O引流

由线下发起的O2O引流，首要任务是将客户引至线上的官方网站或网店、移动APP或移动网店或各类社交网站上的官方账号。由线下引流至线上，主要的手段通常有图5-26所示的5种。

| 手段一 | 线上广告刺激，其中可以同时提供网址或对应的二维码，供客户输入或拍照 |
| 手段二 | 线下口碑传播，驱动潜在客户自己上网通过搜索等方式找到相应的线上网店或社区 |
| 手段三 | 线下提供可以在线上使用的优惠券 |

| 手段四 | 通过在地铁车站或公交车站等公共空间设立虚拟超市，潜在客户通过上面的二维码进入相应的购买页面 |
| --- | --- |
| 手段五 | 通过直接提供支付型二维码，直接完成消费 |

图5-26 · 由线下引流至线上的主要手段

### 2. 由线上发起的O2O引流

由线上发起的O2O引流，通常分为两类，具体如图5-27所示。

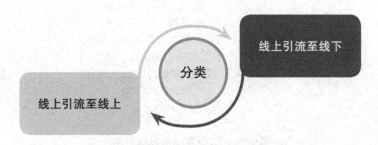

图5-27 由线上发起的O2O引流的分类

（1）线上引流至线上。如果是由线上引流至线上，则后者同样可能是官方网站或网店、移动APP或移动网店或各类社交网站上的官方账号，而前者则可能来自其他的线上平台。其方法与上述从线下引流至线上接近，只是广告、网址、二维码及优惠券可以在线上直接提供，操作上更方便。

（2）线上引流至线下。如果是由线上引流至线下，则主要的手段通常有3类，具体如图5-28所示。

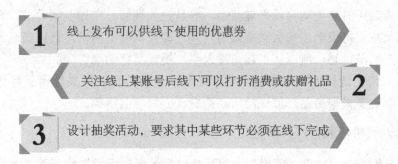

图5-28 线上引流至线下的主要手段

引流只是O2O的第一步，相应的网站或社区，必须不断优化服务流程，让被引来的潜在客户能够注册并真正消费。显然，简单、实用或实惠，加上前面提到的广告、口碑或优惠券，是吸引潜在客户注册并消费的动力所在。

## 四、O2O营销的策略

电子商务的大发展对实体零售产生的影响日益明显。调查发现，近年来，各种背靠实体商超，以社区为依托的"网上超市"集中涌现。那么社区生鲜O2O究竟应该怎么做呢？具体做法如图5-29所示。

**图5-29　O2O营销的具体做法**

### 1. 兴趣商品是切入点

消费者为什么会到A店购物，而不去B店消费，排除距离等客观因素外，门店在顾客心目中的印象深浅，和此门店拥有顾客兴趣商品数量对顾客抉择有很大影响。所谓兴趣商品就是顾客最感兴趣的商品，几乎每个消费者都有自己熟悉的兴趣商品。

比如，有人只购买老坛酸菜和肥肠粉丝方便面，有人只购买金锣肉粒多火腿肠。

消费者逛店时会主动寻找兴趣商品，一旦进入视线，立即脱颖而出。消费者对兴趣商品价格记得最熟，购买频率最高。人性有被认同的需求，自己喜欢的东西被认同，会产生满足感，所以从兴趣商品入手，最容易打动顾客。

O2O营销让链接的成本极低，可帮助商家了解消费者的兴趣商品是什么，帮助顾客培养更多兴趣商品，加深门店在消费者心目中的印象。

### 2. 针对高价值顾客提升体验

门店每期推出DM单（邮报）上的商品价格劲爆，促销策略培养了大量只购买红价签（促销）商品的顾客，还剩部分高价值顾客对价格不敏感，红色蓝色价签不会影响他们的购物决策，他们追求品质、体验和感觉。

高价值顾客比低价值顾客为门店实现更可观收益，但门店为他们提供完全一样的购物体验，其实这并不公平，而且门店常用的营销手段比如DM和积分，对高价值顾客毫无吸引力。高价值顾客愿意为额外服务支付费用，那么应考虑用O2O营销来提升高价值顾客体验，粘住他们，进一步挖掘高价值顾客的消费潜力。

比如，永辉超市的竞争力是生鲜，胖东来超市的竞争力是服务，大润发超市的竞争力是供应链和综合运营，充分粘住和挖掘高价值顾客，也能催生门店的核心竞争力。

O2O营销有助于发掘、维系、培养高价值顾客。

3. 优化购物体验

"80后、90后"逐步成长为消费主力，相对于价格，他们更看重体验，这种趋势越来越壮大，零售商不得不主动适应消费者变化。

互联网时代链接方式变了，人性需求变了，用传统思想理解管理员工、顾客已经不合时宜。新一代消费者看重体验，喜欢用玩的心态生活、工作。门店在购物中加入"玩"元素，才能更好地吸引新一代消费者。

 相关链接

## 盒马鲜生"O2O+LBS"的运营模式

O2O是"线上线下"的缩写形式，又称"O2O营销模式"。在线订购、离线体验和消费成为其主要特点。同时，通过信息推送的形式，可以在原有生态系统的帮助下，对客户进行整合营销，提高客户黏性。

此外，对该模式的场景进行重新构建：用户体验的基础是场景，促进虚拟体验和真实体验的结合，使场景成为驱动用户的关键。LBS是位置服务的简称，它将移动网络和位置中间端结合起来，为用户提供位置服务。该服务已广泛应用于社交、餐饮、娱乐等不同应用。客户只需点击同意使用定位服务，软件就可以为客户提供即时定位。

盒马鲜生是阿里巴巴旗下创新的"线上电商线下店"全新零售电商模式。与传统零售业相比，其线下门店具有许多创新性的特点，如开设生鲜超市、餐饮体验、提供在线商务仓储等。

1. 客户定位

盒马鲜生的目标客户群是全年龄段，主要是中高端消费者。年龄组主要是

关注"70后～90后"家庭和生活质量的知识型、时尚型、移动型网民，他们的共同特点是购买力强，初步或全面实现了经济自由和消费自主。关键是他们愿意接受更新鲜的生活和消费模式。他们有更高的生活质量，喜欢个性，追求品质，喜欢社交和上网。此外，他们最显著的消费特点是倾向于"一站式"解决方案，即一站式购买所需产品、一站式食品加工和一站式烹饪。在购物体验中，这些目标客户不愿意把烦琐的原材料烹饪步骤搬回自己的厨房，因此更适合将他们定位为清淡厨师。盒马鲜生推出的3公里半小时送货上门服务，正是为了迎合这些消费者的消费习惯。这类目标客户有四个层次的需求：多（以吃为核心，涵盖日常高频消费品类）、快（店厅菜或网上订购30分钟）、好（高档海鲜、新鲜果蔬）、省（海鲜厅海鲜价格比餐馆低得多，免费送货上门）。

**2.购物流程**

盒马鲜生最初定义为体验店下的支付宝会员线。消费者可以选择在手机上浏览产品或到实体店体验。商店会要求并引导客户扫描代码安装"box horse fresh"应用程序，注册会员，最后通过支付宝支付。这种模式大大增加了客户的黏度，提高了便利性。用户满意后，会在应用上回购，统一高效的供应链物流配送，享受售后服务。另外，支付宝充分利用其大数据管理中心的营销价值，更好地掌握用户的个人购买意向。O2O流程完成后，转换为使用LBS收集数据，建立会员数据系统，为用户提供统一的服务信息的LBS服务。

**3.采购方式**

盒马鲜生食品供应链主要以"全球直购、本地直购、自有品牌"三种模式为基础。全球直接采购是通过航空集装箱从欧洲、美洲和东南亚运输新鲜水果、蔬菜和海鲜产品。国产化直采的主要业务形式是"日鲜"，即专业采购团队直接到达产地，特别是国内农产品生产基地直接供货给盒马鲜生加工中心转包，甚至部分实现与天猫的统一采购。这种模式可以通过对上游企业的延伸，实现成本和质量的最优解。这种购买模式的最大成本是信任成本。盒马鲜生在提供日常鲜活品服务时，可为农户制定相关种植标准，确保源头质量。而其肉制品则是与中粮合作，通过精确的环节设计来确定数量，以满足终端订单的整合，降低采购成本。

**4.供应链物流**

盒马鲜生实行的线上线下一体化运营，线下重体验，线上重交易，围绕门店3公里范围，构建起30分钟送达的冷链物流配送体系。

目前，盒马鲜生的供应链体系由供应端、加工检查中心（DC）、门店、物流组成。供应端将新鲜果蔬等农产品运送到DC中，DC将商品运输到门店的仓库，每个门店都是一个仓库，实现"仓店合一"，而仓储的类目和数量是基于大数据整合出每个门店消费者热衷购买的可储存商品，在大仓给予不断补货的情况下，门店本身具有一定的备货能力。而以门店为中心的三公里内，则是盒马鲜生线上订单辐射的范围，3公里内的消费者都可以通过盒马鲜生的APP下单，同样可以体验到盒马鲜生的产品与服务。

### 5.刺激消费

为了刺激消费者消费，盒马鲜生利用大的消费数据，推出了类似娱乐排行榜的"每周提升盒马福利排行榜"和"每周购买金额排行榜"，展示消费者及其朋友的整体排名和消费金额。一些顾客会把这些排名当成一种消费竞争，而另一些顾客则会认为自己太"节俭"，因为从众心理而觉得跟不上潮流，继而寻找消费的理由。因此，盒马鲜生实际上将"恒定"（稳定需求）转化为"可变"（通过比较或整合产生的需求），并不断刺激消费者购买商品。